Josef Imbach · Die Wahrheit der Bibel

T V Z

Josef Imbach

Die Wahrheit der Bibel

Widersprüche, Wunder und andere Geheimnisse

TVZ
Theologischer Verlag Zürich

Der Theologische Verlag Zürich wird vom Bundesamt für Kultur mit einem Strukturbeitrag für die Jahre 2019–2020 unterstützt.

Bibliografische Informationen der Deutschen Nationalbibliothek
Die Deutsche Nationalbibliothek verzeichnet diese Publikation in der Deutschen Nationalbibliografie; detaillierte bibliografische Daten sind im Internet über http://dnb.dnb.de abrufbar.

Umschlaggestaltung
Simone Ackermann, Zürich
unter Verwendung einer Foto von Imelda Casutt: Meister Leonhard von Brixen. Mariä Verkündigung. 1459. St. Georgs-Kirche in Taisten (Südtirol)
© Josef Imbach

Druck
Rosch-Buch GmbH, Scheßlitz

ISBN 978-3-290-20195-1 (Print)
ISBN 978-3-290-20196-8 (E-Book: PDF)
© 2020 Theologischer Verlag Zürich
www.edition-nzn.ch

Alle Rechte, auch die des auszugsweisen Nachdrucks, der fotografischen und audiovisuellen Wiedergabe, der elektronischen Erfassung sowie der Übersetzung, bleiben vorbehalten.

Inhalt

Statt eines Vorworts ein paar Fragen	9
Vertuschungsmanöver in der frühen Kirche? oder	
Warum die apokryphen Schriften nicht zur Bibel gehören	11
Maria aus Magdala und Judas Iskariot	11
Fromme Legenden als Lückenfüller	19
Auferweckung und Himmelfahrt Jesu	29
Verschwörungstheorien	33
Verwirrspiel um den Begriff Apokryphen	34
Menschenwort oder Gottesrede? oder	
Wie erbauliche Bücher zu Heiligen Schriften wurden	35
Der Streit ums Alte Testament	35
Heilige Schriften im Christentum	39
Die Schnüffler an der Nase herumgeführt	47
Falsche Verfasserangaben oder	
Keine Augen- und Ohrenzeugen	49
Evangelisten als Augenzeugen?	49
Ein guter Boden für Verschwörungstheorien?	54
Lehramtliche Fehlentscheidungen	56
Wie zuverlässig sind die Evangelien?	58
Ein Blick in die Werkstatt der Schriftgelehrten oder	
Die Bedeutung literarischer Formen und Gattungen	67
Alltägliche Ausdrucksformen	70
Offenbarungsrede	74
Entrückungsgeschichte	77

Wundererzählungen 80
Berufungs- und Ankündigungsgeschichten 83
Midrasch 88
Apokalyptische Bildrede 90
Der »Sitz im Leben« 92

Die Stimme Gottes oder
Die Wahrheit der Bibel 97
Das Wort wird Schrift 97
Wie Gott sich offenbart 99
Die Differenz zwischen Inspiration und Irrtumslosigkeit 104
Widerspricht sich Gott? 113

Judas oder
Gerechtigkeit für einen Sündenbock 119
Warum Jesus sterben »musste« 119
Zunehmend mehr verteufelt 121
Was wir von Judas wirklich wissen 128

Ehrenrettung einer großen Liebenden oder
Wie aus der Magdalenerin eine »Frau mit Vergangenheit« wurde 131
Zur Sünderin gestempelt 133
Die »Biografie« 138
»Apostelin der Apostel« 146

Die Wurzeln Jesu oder
Warum der Nazarener einen Stammbaum brauchte 149
Unstimmigkeiten 151
Zahlensymbolik 153
Frauen im Stammbaum Jesu 154

Unstimmigkeiten oder
Weshalb manche Bibeltexte einander widersprechen 157
Zu Betlehem geboren? 158
Widersprüchliche Ostererzählungen 162

Manipulation? oder
Warum es an Übereinstimmung fehlt 171
    Je größer die Krankheit, desto mächtiger der Heiler 171
    Exkurs zu den neutestamentlichen Totenerweckungen 174
    Die Apostel werden geschont 178

Fehlübersetzungen oder
Der Originaltext ist unverzichtbar 183
    Darf ein Bischof nur einmal heiraten? 183
    Exkurs 184
    Josef der Zweifler und die Jungfrau Maria 185
    Die Royals pilgern nach Betlehem 192
    Warum Mose mit Hörnern durch die Kunstgeschichte wandelt 195

Erklärung von Fachausdrücken 197
Literatur 202
Dank 204

Statt eines Vorworts ein paar Fragen

»Aber in der Bibel steht doch ...« »Was in der Bibel steht, ist wahr ...« Diesen und ähnlichen Äußerungen liegt die Überzeugung zugrunde, dass die biblischen Aussagen wahr sind, weil in ihnen Gott zur Sprache kommt. Gibt es eine Wahrheit der Bibel, wenn sie gleichzeitig voller Geheimnisse, Widersprüche und Wunder ist? Ja, aber die Wahrheit der biblischen Texte kommt erst zum Tragen, wenn man sie nicht einfach repetiert, sondern sachgerecht interpretiert.

Welche Absichten verfolgten die biblischen Verfasser bei der Niederschrift ihrer Texte? Auf welchen Überlieferungen, die im Lauf der Zeit oft nicht unwesentliche Veränderungen erfuhren, beruhen ihre Aussagen? Unter welchen (historischen, religionsgeschichtlichen, kulturellen ...) Voraussetzungen sind die einzelnen Schriften entstanden?

Darüber hinaus stellen sich Fragen grundlegender Art: Wer hat entschieden, welche einzelnen Schriften der Bibel zuzurechnen sind? Was waren die Motive? Gaben Machtkämpfe den Ausschlag? Ging es darum, bestimmte Lehren oder Verhaltensweisen durchzusetzen? Warum kennt die Bibel nur vier Evangelien, obwohl im Altertum zahlreiche andere zirkulierten? Weshalb wurden die meisten davon aussortiert? Wie kommt es, dass die biblischen Autoren sich an manchen Stellen widersprechen?

Mit diesen Fragen befasse ich mich in den einzelnen Kapiteln dieses Buches, die jedes für sich ein abgeschlossenes Ganzes darstellen. Seine Entstehung verdankt es dem Umstand, dass ich während meiner vieljährigen Vortragstätigkeit häufig mit den darin behandelten und ähnlichen Problemen konfrontiert wurde.

Vertuschungsmanöver in der frühen Kirche?
oder
Warum die apokryphen Schriften nicht zur Bibel gehören

Im Jahr 1896 erwarb der Kirchenhistoriker und Koptologe Carl Schmidt in Ägypten bei einem Antiquitätenhändler Reste eines kleinen Buches, das heute unter der Bezeichnung *Codex Berolinensis Gnosticus 8502* im Ägyptischen Museum in Berlin aufbewahrt wird. Die besagte Handschrift stammt wohl aus dem 5. Jahrhundert. Darin findet sich unter anderem ein nur lückenhaft erhaltenes in einem koptischen Dialekt verfasstes *Evangelium der Maria*. Vermutlich handelt es sich um eine Übersetzung aus dem Griechischen. Das Original dürfte um 160 n. Chr. entstanden sein. Der Name im Titel bezieht sich aller Wahrscheinlichkeit nach auf Maria aus Magdala.

Maria aus Magdala und Judas Iskariot

Berichtet wird im Evangelium der Maria überdies, dass der Apostel Petrus sich irgendwann an die Magdalenerin wandte mit den Worten: »Schwester, wir wissen, dass der Retter [gemeint ist Jesus] dich mehr liebte als alle anderen Frauen. Berichte uns von den Worten des Retters, an die du dich erinnerst und die du kennst und wir nicht, oder von denen wir noch nie gehört haben.«[1] Wer da einen eifersüchtelnden Ton heraushört, täuscht sich vermutlich nicht.

---

1   http://stefanmalsi.de/downloads/Evangelium-der-Maria-Magdalena.pdf (22.04.2019).

In dem wohl im 3. Jahrhundert in Ägypten verfassten Philippusevangelium wird die Magdalenerin gar als »Paargenossin Christi« vorgestellt.[2]

Wer solches liest, denkt unweigerlich an den Weltbestseller des amerikanischen Schriftstellers Dan Brown, dessen *The Da Vinci Code* (deutsch unter dem Titel *Sakrileg*) 2003 für Aufsehen sorgte. Dies vor allem deshalb, weil ein Großteil der Leserschaft literarische Fiktion nicht von historischen Fakten unterscheiden konnte. Bekanntlich tritt die Magdalenerin in Browns Roman nicht bloß als »Paargenossin«, sondern als Ehefrau Jesu in Erscheinung, die mit ihm Kinder zeugte, deren Linie sich angeblich bis in die Gegenwart erhalten hat.

»Absurd!«, sagen die einen. »Könnte nicht etwas dran sein an dem Ganzen?«, fragen andere. Erstere verweisen darauf, dass in den vier von der Kirche approbierten Evangelien keine Rede ist von einer Lieblingsjüngerin Maria Magdalena. Manche meinen, gerade in diesen Schriften Spuren zu entdecken, die darauf hindeuteten, dass die Beziehung zwischen dem Mann aus Nazaret und der Frau aus Magdala sich nicht auf eine bloße Seelenfreundschaft beschränkte. Das leiten sie aus der unbestrittenen Tatsache ab, dass die vier Evangelisten die Magdalenerin nicht nur in allen Namenslisten aufführen, wenn von den Frauen aus Jesu engerem Umfeld die Rede ist, sondern auch daraus, dass sie sie in diesen Aufzählungen (mit einer einzigen situationsbedingten Ausnahme; vgl. Joh 19,25) immer an erster Stelle nennen. Und dass ihr im Johannesevangelium noch vor allen anderen Jüngerinnen und Jüngern eine Erscheinung des Auferstandenen zuteilwird.

Von Interesse ist in diesem Zusammenhang auch ein lang verloren geglaubtes *Evangelium des Judas*, dessen Existenz der Fachwelt aus den Schriften des Kirchenvaters Irenäus von Lyon (um 135 bis um 200) bekannt war. Entdeckt wurde eine entsprechende koptische Handschrift in den 80er-Jahren des vorigen Jahrhun-

---

2 W. Schneemelcher (Hg.), Neutestamentliche Apokryphen in deutscher Übersetzung, Bd. 1, Tübingen ⁶1990 (Spruch 55). Dazu mehr in diesem Buch im Kapitel *Ehrenrettung einer großen Liebenden*.

Koptische Übersetzung des Judasevangeliums aus dem Griechischen auf Papyrus aus dem 5. Jahrhundert (Codex Tchacos).
Wikimedia Commons.

derts. 2002 gelangte der Fund in den Besitz der schweizerischen Maecenas-Stiftung, die den angesehenen Genfer Koptologen Rodolphe Kasser mit einer Untersuchung und Übersetzung beauftragte.[3] Kasser war es dann auch, der im Juli 2004 auf einem internationalen Kongress in Paris über seine Forschungsergebnisse berichtete.

Dieses Judasevangelium entstand etwa ums Jahr 150 n. Chr. und war ursprünglich in griechischer Sprache abgefasst.

---

3   R. Kasser/M. Meyer/G. Wurst (Hg.), Das Evangelium des Judas, Wiesbaden 2006. Die Zahlenangaben nach den Zitaten beziehen sich auf die dortige Nummerierung des Textes.

Schon die Einleitung zeigt, dass die Gestalt des Judas sich darin krass von der vom Neuen Testament gezeichneten unterscheidet. Der Text beginnt mit den Worten: »Der geheime Bericht von der Offenbarung, in dem Jesus mit Judas Iskariot gesprochen hat an acht Tagen [gemeint ist der Zeitraum von einer Woche], drei Tage bevor er das Pascha gefeiert hat« (33). Gleich zu Beginn wird gesagt, dass es sich um eine »geheime« Schrift handelt, die ausschließlich für Eingeweihte bestimmt ist. Der Verfasser behauptet, eine Lehre zu vermitteln, die auf Jesus zurückgeht, der allein die erlösende Wahrheit offenbaren konnte. Dieses Wissen wiederum hat Jesus einzig Judas Iskariot, seinem engsten Gefährten, anvertraut. Später fordert Jesus die Jünger auf, ihm ihr wahres, geistiges Ich zu offenbaren:

> Wer von euch stark genug ist, soll den vollkommenen Menschen auftreten lassen und sich vor mein Angesicht stellen. Und sie sagten alle: Wir sind nicht stark genug. Ihr Geist aber konnte es nicht wagen, vor seinem Angesicht zu stehen, bis auf Judas Iskariot (35).

Judas ist als Einziger fähig, vor Jesus hinzutreten, weil er den göttlichen Funken in sich trägt, der ihn befähigt, die wahre Identität Jesu zu erkennen – wozu die übrigen Apostel nicht imstande sind. Nur Judas begreift, dass Jesus nicht aus dieser, sondern aus einer anderen Welt stammt:

> Ich weiß, wer du bist und von welchem Ort du gekommen bist. Du bist aus dem unsterblichen Äon [...] gekommen; und ich bin nicht würdig, den Namen dessen auszusprechen, der dich gesandt hat (35).

Weil Judas Jesu Wesen erfasst hat, befiehlt dieser ihm, sich von den übrigen unwissenden Jüngern zu trennen und verspricht gleichzeitig, ihn »die Geheimnisse des Königreiches« (35) zu lehren. Judas wird das verborgene, für die Erlösung notwendige Wissen empfangen. Später erzählt er Jesus von einer Vision: Er hat gesehen, »wie die zwölf Jünger mich steinigten und mich verfolgten« (44–45). Offensichtlich handelt es sich hier um eine

Anspielung, die auf jener in der Apostelgeschichte geschilderten Episode gründet, die davon berichtet, dass die elf Jünger Judas nach seinem Tod durch Matthias ersetzen, um den Zwölferkreis wieder zu vervollständigen (Apg 1,16–26). Nachdem Judas Jesus seine Vision geschildert hat, erklärt dieser: »Du wirst verflucht sein von den anderen Geschlechtern, und du wirst zur Herrschaft über sie kommen« (46). Verflucht sein von den anderen – das bezieht sich auf das negative Bild, das die vier Evangelisten von Judas zeichnen. Dagegen betont Jesus hier, dass es sich um verfälschte Darstellungen handelt – denn Judas, der Wissende und Erwählte, wird »zur Herrschaft« (46) über die anderen Jünger gelangen. Er ist der einzige Apostel, der Erlösung erlangen kann, während die anderen sich weiterhin um *ihren* Gott kümmern, das heißt um den Schöpfergott des Alten Testaments, von dem Jesus als auch Judas sich abgewandt haben.

Gegen Ende des Textes ist zu lesen, dass Judas, der als einziger Apostel den göttlichen Funken in sich trägt, einging in »die lichte Wolke« (57), also in die Welt des Geistigen und Göttlichen.

Die Botschaft ist klar: Rettung geschieht nicht durch die Verehrung des alttestamentlichen Schöpfergottes – denn die Schöpfung gehört in den Bereich der Materie, die in ständigem Widerstreit steht mit dem Geist. Erlöst wird der Mensch, indem er sich abwendet von dieser Welt, und den Körper, der ihn an sie bindet, als schlecht betrachtet. Indem Judas Jesus den Behörden überliefert, ermöglicht er ihm, seinen sterblichen Leib abzulegen und in seine ewige göttliche Heimat zurückzukehren. *Deshalb* sagt Jesus zu ihm: »Du wirst sie alle [die übrigen Apostel] übertreffen. Denn du wirst den Menschen opfern, der mich kleidet« (56).

Die Verratsszene wird sehr zurückhaltend geschildert. Die Verhaftung Jesu erfolgt, während er in einem nicht näher bestimmten »Obergemach« betet:

> Einige unter den Schriftgelehrten aber lauerten darauf, Jesus während des Gebets zu ergreifen. Denn sie fürchteten sich vor dem Volk, weil er bei ihnen allen als Prophet galt. Und sie machten sich an Judas heran und sprachen zu ihm: Was tust du an diesem Ort? Du bist doch der

Jünger Jesu! Judas antwortete ihnen gemäß ihrem Willen. Und er empfing Geld und überlieferte ihn an sie (58).

Damit endet das *Judasevangelium*. Den Höhepunkt bildet nicht Jesu Tod oder seine Auferweckung, sondern das ergebene Handeln des engsten und treuesten Gefährten Jesu, *der ihn seinem Wunsch gemäß dem Tod überliefert*, damit er in seine himmlische Heimat zurückkehren kann.

Was veranlasste die kirchlichen Obrigkeiten, das Marien- wie auch das Judasevangelium zu verwerfen? Waren es unlautere Gründe? Spielten machtpolitische Interessen eine Rolle? Galt es, Ärgernis erregende Vorkommnisse zu verheimlichen, wie manche meinen?

Tatsache ist: Beide, das Evangelium der Maria, wie auch jenes des Judas, sind geradezu durchtränkt von gnostischem Gedankengut.

Gnosis bedeutet *Wissen* oder *Erkenntnis*. Die Gnostiker waren davon überzeugt, den Weltenlauf durch das nur ihnen zugängliche Wissen deuten zu können. Charakteristisch für diese Strömung ist eine dualistische Weltsicht, die alles Materielle abwertet.

Unter anderem lehrten die Gnostiker, dass die geschaffene Welt schlecht und daher durch höhere Erkenntnis zu überwinden sei. Zu dieser Erkenntnis gelangt nur, wer den göttlichen Lichtfunken in sich entdeckt. Nur so ist es möglich, die geistige Bestimmung zu leben. Naturgemäß beinhaltet diese Denkweise eine massive Leibfeindlichkeit, weil der irdische Körper die Menschen daran hindert, sich in rein geistigen Sphären zu bewegen.

Wer sich ernsthaft mit der Gnostik beschäftigt, merkt schnell, dass das Philippusevangelium, dem zufolge Maria Magdalena als »Paargenossin Christi« in Erscheinung tritt, keine erotische Komponente beinhaltet, sondern vielmehr von einer Geistesverwandtschaft zwischen den beiden spricht. Wie Judas der Lieblingsjünger Jesu ist, ist die Magdalenerin dessen Lieblingsjüngerin. Beide tragen sie den göttlichen Funken in sich, der sie zu höherer Erkenntnis befähigt.

Die kirchlichen Autoritäten erkannten schnell, dass die Abwertung der Schöpfung folgerichtig zu einer Negierung des biblischen Schöpfergottes und damit des ganzen Alten Testaments führen musste. Dies wiederum wirkte sich auf die Lehre von der Menschwerdung Gottes aus. Konkret bedeutet das, dass das Menschsein Jesu nicht mehr ernst genommen wird, was dazu führt, dass man ihm einen Scheinleib zuschreibt. Praktisch wird Jesus so zu einem Gott, der als Mensch verkleidet ist.

Dass die offizielle Kirche Schriften, die ihrer Lehre offen widersprachen, vehement bekämpfte, versteht sich von selbst. Nur nebenher bemerkt: Ähnliche Mechanismen sind am Werk, wenn politische Hitzköpfe die Wahlplakate einer gegnerischen Partei herunterreißen oder eine öffentliche Bücherverbrennung inszenieren. Statt, wie das häufig geschieht, Verschwörungstheorien zu entwickeln, ist es angezeigt, nach weltanschaulichen, politischen und soziologischen Gründen für solches Verhalten zu suchen.

Begreiflicherweise lehnte die Kirche die gnostischen Schriften wegen des darin enthaltenen Gedankenguts dezidiert ab. Aber auch eine ganze Reihe weiterer Schriften hatten, wenn auch aus anderen Gründen, keine Chance, in die Liste der biblischen Bücher aufgenommen zu werden.

Diese ausgesonderten Texte werden als *Apokryphen* bezeichnet. Damit sind (wenn wir den aus dem Griechischen stammenden Begriff wörtlich übersetzen) »geheime« Texte gemeint, die nicht zur Heiligen Schrift gehören, obwohl sie mit den darin enthaltenen Büchern manches gemeinsam haben.

So gibt es zahlreiche alttestamentliche Apokryphen, unter anderem ein Testament der Zwölf Patriarchen oder einen Bericht über die Himmelfahrt des Propheten Jesaja. Hier interessieren aber vor allem die neutestamentlichen Apokryphen und unter diesen besonders die apokryphen Evangelien. Davon gibt es eine ganze Reihe, so zum Beispiel ein Petrusevangelium, ein Thomasevangelium, ein Hebräerevangelium, mehrere Kindheitsevangelien Jesu, ein Protoevangelium des Jakobus ... Dazu gehören auch das erwähnte Evangelium der Maria und das des Judas.

Diesen beiden Letzteren wird die Bezeichnung *Apokryphen* vollends gerecht. Denn die darin enthaltenen gnostischen Spekulationen waren in der Tat *geheim*, insofern sie lediglich einem Zirkel von »Auserwählten« oder »Eingeweihten« zugänglich sein sollten.

Andere Texte aus neutestamentlicher Zeit hingegen, die ebenfalls als apokryph (also als geheim) gelten, zirkulierten unter den Gläubigen, ohne dass die kirchlichen Autoritäten Anstalten machten, sie zu bekämpfen oder gar zu vernichten; im Gegenteil! Als Erbauungsschriften waren sie überaus beliebt und entsprechend verbreitet. Dies auch deshalb, weil die Verfasser zumeist interessiert waren, die kirchliche Lehre zu stützen. Gleichzeitig bemühten sich manche von ihnen, die von den vier Evangelisten offengelassenen biografischen Lücken im Leben Jesu zu füllen, vor allem was seine Kindheit betrifft. Dass sie dabei der Versuchung erlagen, allzu romanhafte Schilderungen einzuflechten, hat zweifellos dazu beigetragen, dass ihre Darstellungen trotz aller frommen Absichten keinerlei Chance auf eine *offizielle* kirchliche Anerkennung hatten.

Der Umstand, dass die aussortierten Schriften unter der nicht sachgerechten Bezeichnung als *Apokryphen* (als *geheime* Schriften) zusammengefasst wurden, nährte natürlich die Fantasie späterer Generationen, vor allem von Andersgläubigen oder Nichtglaubenden. Was wiederum Anlass gab zu mancherlei Verschwörungstheorien.[4]

Zu bedenken ist überdies, dass manche neutestamentliche *Apokryphen* erst *nach* der Fixierung des Kanons entstanden, sodass sich diesbezüglich gar nicht erst die Frage stellte, ob sie der Bibel zuzuzählen seien. Dies trifft unter anderem zu für ein Arabisches Kindheitsevangelium (6. Jh.), für das Pseudo-Matthäusevangelium (7. Jh.) oder für die Johannesakten (Mitte 5. Jh.?). Andere Schriften wiederum, die in der Zeit vom 2. bis zum 4. Jahrhun-

---

4 Die Frage, aufgrund welcher Kriterien die frühe Kirche lediglich eine Anzahl von ausgewählten Schriften als verbindlich erklärte, wird im folgenden Kapitel behandelt.

dert verfasst wurden, enthalten zwar jede Menge hocherbauliche, gleichzeitig aber derart fantastische und fantasievolle Schilderungen, dass sich die Frage erübrigte, ob sie der Sammlung der heiligen Bücher zuzuzählen seien.

Fromme Legenden als Lückenfüller

Im Gegensatz zu gnostischen Texten (Stichworte: Maria- und Judasevangelium), die offensichtlich *im Widerspruch zur kirchlichen Glaubenslehre standen*, wurden die *erbaulichen Apokryphen* niemals bekämpft. Fakt ist, dass vieles von dem darin enthaltenen Legendengut nicht nur die christliche Literatur, sondern auch die kirchliche Kunst nachhaltig beeinflusste.

So kennen die meisten christlichen Kirchen einen liturgischen Gedenktag für Marias Eltern Joachim und Anna. Im ganzen Neuen Testament findet sich jedoch hinsichtlich dieser beiden Gestalten nicht die leiseste Anspielung. Jesu Großeltern traten erst in dem um 150 verfassten Protoevangelium des Jakobus (vom griech. *prōtos*: *Erst-* oder *Anfangs*evangelium oder *Vor*evangelium) erstmals in Erscheinung.

Dabei handelt es sich um einen Legendenkranz über das Leben Marias und ihrer Eltern, wobei der anonyme Verfasser sich vorwiegend von alttestamentlichen Episoden inspirieren lässt. Berichtet wird, dass die Ehe von Joachim und Anna lange Zeit kinderlos bleibt. Weswegen Joachims Opfer im Tempel vom Oberpriester zurückgewiesen wird. Joachim zieht sich in die Wüste zurück, wo ihm ein Engel erscheint und ihm ankündigt, dass seine Frau Anna trotz ihres hohen Alters ein Kind erwartet. Der gleiche Engel kündigt auch seiner Frau Anna an, dass sie schwanger sei. Als die beiden sich ob dieser frohen Nachricht zueinander aufmachen, begegnen sie sich am Goldenen Tor zu Jerusalem – eine Szene, die zahlreiche bildende Künstler anregte.

Weiter weiß das Protoevangelium zu berichten, dass Maria, das Kind der beiden, im zarten Alter von drei Jahren in den Tempel gebracht wird.

Meister des Marienlebens, Begegnung zwischen Joachim und Anna am Goldenen Tor. 2. Hälfte 15. Jahrhundert. Wikimedia Commons.

> Und der Priester empfing das Kind, küsste und segnete es mit den Worten: Der Herr hat deinen Namen groß gemacht unter allen Geschlechtern; an dir wird der Herr am Ende der Tage seine Erlösung für die Söhne Israels offenbaren. Und er setzte es auf die dritte Stufe des Altars, und Gott, der Herr, legte Anmut auf das Kind, und es tanzte vor Freude mit seinen Füßchen, und das ganze Haus Israel gewann es lieb.[5]

Nebenher nur sei erwähnt, dass sich diese Episode in etwas anderer Form auch im Koran findet (Sure 3, Verse 33–37).

Prächtig illustriert diesen Text der italienische Maler Cima da Conegliano (um 1460–1517/1518). Allein erklimmt das Kind die Stufen zum Heiligtum. Oben wird es vom Priester erwartet.

---

[5] Protoevangelium des Jakobus 7, in: A. Schindler (Hg.), Apokryphen zum Alten und Neuen Testament, Zürich 2007, 409–436; 419.

Während der kommenden Jahre wird das Mädchen Maria seine Gedanken einzig auf Gott lenken.

Kaum jemand verfällt bei der Betrachtung dieses Bilds auf den Gedanken, die Treppenstufen zu zählen. Insgesamt sind es fünfzehn. Die Anzahl geht auf die Psalmen 120–134 zurück. Bei diesen fünfzehn sogenannten *Stufenpsalmen* handelt es sich um Wallfahrtslieder, die in Israel anlässlich der großen Pilgerfeste (Pessach, Schawuot und Sukkot) auf den Stufen des Tempels gesungen wurden. Jeder der fünfzehn Psalmen beginnt mit den Worten *Shir Ha-Ma'alot* (Lied der Stufen). Dem Talmud zufolge führte im Jerusalemer Tempel eine halbkreisförmige fünfzehnstufige Treppe vom Frauenbezirk hinauf in den Vorhof der Männer. In der frühen Kirche war die Ansicht verbreitet, dass der Priester während der Feste auf jeder dieser Treppenstufen einen Psalm in einer jeweils leicht höheren Tonlage angestimmt habe.

Dass manche Künstler eine Treppe mit fünfzehn Stufen malten, verdankt sich einer talmudischen Überlieferung, die später Eingang fand in die *Legenda aurea*, jene *Goldene Legende*, die der Genueser Bischof Jacobus de Voragine im 13. Jahrhundert verfasste.[6]

Gemäß dem Jakobusevangelium verweilte Maria bis zu ihrem zwölften Lebensjahr als geweihte Jungfrau im Jerusalemer Tempel. Dann wurde sie dem verwitweten Josef, der schon mehrere Söhne hatte, in Obhut gegeben. Was viele Künstler dazu inspirierte, die Vermählung der beiden ins Bild zu setzen.

Auch bei der Darstellung mancher Verkündigungsszenen lässt sich ein Einfluss seitens des apokryphen Jakobusevangeliums feststellen. Ein schönes Beispiel dafür findet sich in der St. Georgskirche im südtirolischen Taisten. Gemalt wurde das Fresko von Meister Leonhard von Brixen.

Es zeigt die Madonna auf einem Gebetsschemel kniend, in dessen unterem Abteil außer drei dicken Büchern noch drei farbige Kugeln liegen, die an Ostereier gemahnen. An Ostereier? Der eine oder die andere der Betrachtenden wird bei diesem Anblick

---

6 Jacobus de Voragine, Die Legenda aurea, Gerlingen ¹¹1993, 681.

Meister Leonhard von Brixen. Mariä Verkündigung. 1459. St. Georgs-Kirche in Taisten (Südtirol). Foto: I. Casutt © J. Imbach.

zu rechnen beginnen. Jesu Geburt wird am 25. Dezember gefeiert. Das Fest der Verkündigung Mariä begeht die Kirche neun Monate zuvor, am 25. März, also in dem Zeitraum, in den das Osterfest fällt. Handelt es sich bei den vermeintlichen *Oster*eiern auf der Verkündigungsszene vielleicht um einen versteckten Hinweis auf Jesu Auferweckung, wie manche behaupten?

Diese Erklärung wäre an sehr langen Haaren herbeigezogen. Den Schlüssel zum Verständnis des Bildes liefert uns das Jakobusevangelium. Unter anderem lesen wir da, dass Jesu Mutter schon vor der Begegnung mit dem Verkündigungsengel damit beschäftigt war, einen Vorhang für den Jerusalemer Tempel zu weben.

> Es fand aber eine Beratung der Priester statt, die beschlossen: Wir wollen einen Vorhang für den Tempel des Herrn anfertigen lassen. Und der

Priester sprach: Ruft mir unbefleckte Jungfrauen vom Stamm Davids! Und die Diener gingen fort und suchten, und sie fanden sieben solche Jungfrauen. Und der Priester erinnerte sich an das Mädchen Maria, das aus dem Stamm Davids und unbefleckt vor Gott war. Und die Diener gingen hin und holten sie. Dann führten sie sie in den Tempel des Herrn, und der Priester sprach: Werft das Los, wer das Gold, den Amiant, die Baumwolle, die Seide, das Hyazinthenblau, den Scharlach und den echten Purpur verweben soll. Und auf Maria fiel das Los »echter Purpur« und »Scharlach«. Und sie nahm es und verfertigte es in ihrem Haus. Zu jener Zeit wurde Zacharias [der Tempelpriester] stumm [vgl. Lukas 1,20–22], und Samuel trat so lange an seine Stelle, bis Zacharias wieder zu sprechen vermochte. Maria aber nahm den Scharlach und spann.[7]

Das Protoevangelium des Jakobus diente nicht nur der Erbauung, sondern gleichzeitig auch der Befriedigung der Neugierde. Während die kanonischen Evangelien von Jesu Wort und Wirken handeln, steht hier seine Familie im Mittelpunkt, nämlich seine Großeltern Joachim und Anna, Marias Kindheit und Jugend und ihre Vermählung mit Josef. Gleichzeitig scheinen apologetische Tendenzen durch, nämlich hinsichtlich Marias physischer Jungfräulichkeit – nicht nur vor, sondern auch während und nach ihrer Niederkunft. Die wird von einer Hebamme in Zweifel gezogen.

Salome sprach: So wahr der Herr, mein Gott, lebt, wenn ich nicht meinen Finger hineinlege und Marias Zustand untersuche, so werde ich nicht glauben, dass eine Jungfrau geboren hat. Und die Hebamme ging hinein und sprach zu Maria: Lege dich bereit, denn ein nicht geringer Streit besteht um dich. Und Salome legte ihren Finger hin zur Untersuchung ihres Zustands. Und sie erhob ein Wehgeschrei und sprach: Wehe über meinen Frevel und meinen Unglauben, denn ich habe den lebendigen Gott versucht; und siehe, meine Hand fällt vom Feuer verzehrt von mir ab![8]

---

7 Protoevangelium des Jakobus 10,1; Schindler, 409–436; 421.
8 Protoevangelium des Jakobus 19 und 20; Schindler, 409–441; 429.

Salome prüft Marias Jungfräulichkeit. Elfenbeinthron des Bischofs Maximian. 6. Jahrhundert (?). Museo arcivescovile, Ravenna. Foto: H. Haag/J. H. Kirchberger/D. Sölle/C. H. Ebertshäuser, Maria. Kunst, Brauchtum und Religion in Bild und Text, Herder Verlag, Freiburg – Basel – Wien 1997, 35.

Künstlerisch ausgestaltet findet sich diese Episode auf dem berühmten Elfenbeinthron des Bischofs Maximian von Ravenna (6. Jh.?).

Weil Salome danach an das Wunder glaubt (was ihr im Anschluss an ihre Untersuchung nicht allzu schwerfällt), wird ihre Hand heil, nachdem sie das Jesuskind berührt hat.

Dass Ochs und Esel den Weg zur Krippe fanden (sollten diese beiden Tiere fehlen, würden wir sie wohl mehr vermissen als den heiligen Josef, der sich meist im Hintergrund aufhält, als sei er bestellt und nicht abgeholt worden), geht ebenfalls nicht auf das Neue Testament, sondern auf das im 7. Jahrhundert verfasste Kindheitsevangelium des Pseudo-Matthäus zurück:

> Am dritten Tag nach der Geburt unseres Herrn Jesus Christus trat die seligste Maria aus der Höhle, ging in einen Stall hinein und legte ihren Knaben in eine Krippe, und Ochse und Esel beteten ihn an. Da

erfüllte sich, was durch den Propheten Jesaja verkündet ist [vgl. Jesaja 1,3], nämlich: Der Ochse kennt seinen Besitzer und der Esel die Krippe seines Herrn.⁹

Auch die biblische Legende von der Flucht der Heiligen Familie nach Ägypten wurde schon früh mit Details ausgeschmückt, die ausschließlich den außerbiblischen Kindheitsevangelien entstammen. So erzählt das Pseudo-Matthäusevangelium von allerlei Gefahren und Nöten, aus denen die Heilige Familie auf ihrem Abstecher zu den Pyramiden auf wundersame Weise errettet wurde. Unter anderem heißt es da, dass die von der Reise völlig ermattete Maria sich irgendwann hinsetzt, um auszuruhen.

Als die selige Maria sich niedergelassen hatte, schaute sie zur Palmkrone hinauf und sah, dass sie voller Früchte hing. Da sagte sie zu Josef:

Maria schüttelt nach der Niederkunft eine Dattelpalme, an deren Fuß eine Wasserquelle entspringt. Quisas al-Anbia. 16. Jahrhundert. Foto: Unbekannt.

---

9 Pseudo-Matthäusevangelium 14; Schindler, 463–471; 465.

Ich wünschte, man könnte von diesen Früchten der Palme holen. [...] Josef aber sprach zu ihr: Ich für mein Teil denke eher an den Mangel an Wasser, das uns in den Schläuchen bereits ausgeht, und wir haben nichts, womit wir uns und die Lasttiere erfrischen können. Da sprach das Jesuskind zur Palme: Neige Baum, deine Äste, [...] und erschließe unter deinen Wurzeln eine Wasserader, damit wir alle unseren Hunger und unseren Durst stillen. Und also geschah es.[10]

Im Koran wird diese Episode mit der Geburt Jesu in Zusammenhang gebracht (vgl. Sure 19, Verse 22–26).

Statt über solch legendäre Geschichten vorschnell den Kopf zu schütteln, sollte man sich fragen, was dahintersteckt. In der Regel wollen sie auf narrative Weise einen theologischen Sachverhalt illustrieren – in diesem Fall, dass Jesus der Gebieter über die gesamte Schöpfung ist.

Ähnliches gilt für Bildwerke, die zeigen, wie die Götterstatuen angesichts der nach Ägypten flüchtenden Heiligen Familie von den Sockeln fallen und in die Brüche gehen – eine Legende, die ebenfalls auf das Pseudo-Matthäusevangelium zurückgeht:

Und freudig und jubelnd kamen Josef und Maria und das Kind im Gebiet von Hermopolis an und zogen in eine ägyptische Stadt ein, die Sotinen heißt. Und da sich in ihr kein Bekannter befand, den sie um Gastfreundschaft hätten bitten können, traten sie in einen Tempel ein, der Kapitol Ägyptens genannt wurde. In diesem Tempel waren dreihundertfünfundsechzig Götzenbilder aufgestellt, denen an bestimmten Tagen göttliche Ehre in götzendienerischen Weihen erwiesen wurde. Die Ägypter derselben Stadt traten in das Kapitol, in dem die Priester sie ermahnten, an so und so viel vorbestimmten Tagen der Hoheit ihrer Gottheit gemäß Opfer darzubringen. Es traf sich aber, als die seligste Maria mit dem Kind in den Tempel eintrat, da fielen sämtliche Götzenbilder auf den Boden, sodass sie alle gänzlich umgestürzt und zerbrochen auf ihrem Angesicht dalagen.[11]

---

10 Pseudo-Matthäusevangelium 20; Schindler, 467f.
11 A.a.O. 22 und 23; Schindler, 469f.

Niklaus Kury, Die Heilige Familie auf der Flucht und der Sturz der Götterbilder. 1752. Kury-Hof, Reinach bei Basel. Foto: I. Casutt © J. Imbach.

Diese Episode hat der Schweizer Bildhauer Niklaus Kury (auch Courri; 1737–1803) in Form eines Reliefs über dem Eingang des Kury-Hofs in Reinach bei Basel in einem Basrelief dargestellt. Zu den vielen bekannteren Bildwerken dieser Legende gehört das Relief am Marienportal der Westfassade der Kathedrale in Amiens (um 1230).

Mitunter versuchen die Verfasser von Apokryphen die in den kanonischen Evangelien enthaltenen Lehren zu untermauern. Ein schönes Beispiel dafür findet sich in dem vermutlich gegen Ende des 2. Jahrhunderts entstandenen Kindheitsevangelium des Thomas (nicht zu verwechseln mit dem ebenfalls apokryphen Thomasevangelium, das wohl nur wenig später verfasst wurde). Der unbekannte Autor, der sich als »Thomas der Israelit« vorstellt, weiß zu berichten, dass sich Jesus bereits im Alter von fünf Jahren durch wundersames Wirken auszeichnete.

Jesus formt Lehmvögel. Kirche St. Martin, Zillis.
Frühes 12. Jahrhundert. Foto: Unbekannt.

Als der Knabe fünf Jahre alt geworden war, spielte er an der Furt eines Baches. […] Er bereitete sich weichen Lehm und bildete daraus zwölf Sperlinge. Es war Sabbat, als er dies tat. […] Als nun ein Jude sah, was Jesus am Sabbat beim Spielen tat, ging er sogleich weg und meldete [es] dessen Vater Josef. Er hat zwölf Vögel gebildet und hat den Sabbat entweiht. Als nun Josef an den Ort gekommen war und es gesehen hatte, da herrschte er ihn an: Weshalb tust du am Sabbat, was man am Sabbat nicht tun darf? Jesus aber klatschte in die Hände und schrie den Sperlingen zu: Fort mit euch! Die Sperlinge öffneten ihre Flügel und flogen mit Geschrei davon. Als aber die Juden das sahen, staunten sie, gingen weg und erzählten ihren Ältesten, was sie Jesus hatten tun sehen.[12]

Theologisch hat diese naive Legende (die auch im Koran, Sure 5, Vers 110, erwähnt ist) durchaus ihre Bedeutung. Sie will zei-

---

12 Kindheitsevangelium des Thomas 2; Schindler 443f.

gen, dass Jesus von allem Anfang an *Herr über den Sabbat* ist (vgl. Mt 12,8).

Keinen Anklang in amtskirchlichen Kreisen fanden ein paar weniger erbauliche Geschichten aus dem Kindheitsevangelium des Thomas. Dort benimmt sich der Jesusknabe gelegentlich derart daneben, dass Josef beschließt, ihn eine Zeit lang zu Hausarrest zu verknurren.

> Der Jesusknabe ging wieder einmal durch das Dorf, da stieß ein herumlaufender Knabe an seine Schulter. Jesus wurde erbittert und sprach zu ihm: Du sollst auf deinem Weg nicht weitergehen! Sogleich fiel der Knabe hin und starb. [...] Da kamen die Eltern des Verstorbenen zu Josef, schalten ihn und sagten: Da du so einen Knaben hast, kannst du nicht mit uns im Dorf wohnen; oder dann lehre ihn zu segnen und nicht zu fluchen. Denn er tötet unsere Kinder.
>
> Da rief Josef den Knaben beiseite und wies ihn mit den Worten zurecht: Warum tust du solche Dinge, dass diese Leute leiden müssen, uns hassen und uns verfolgen? Jesus aber antwortete: Ich weiß, dass diese Worte nicht die deinen sind, trotzdem will ich deinetwegen schweigen. Jene aber sollen ihre Strafe tragen. Und alsbald erblindeten die, welche ihn angeklagt hatten. Die es sahen, gerieten in große Furcht, waren ratlos und sagten über ihn: Jedes Wort, das er redet, ob gut oder böse, war eine Tat und wurde zum Wunder. Als Josef sah, dass Jesus so etwas tat, stand er auf, nahm ihn beim Ohr und zupfte ihn gehörig.[13]

Begreiflich, dass solche Geschichtlein weder in die Bibel noch ins kirchenfromme Legendengut Aufnahme fanden.

Auferweckung und Himmelfahrt Jesu

Anders verhält es sich mit manchen apokryphen Texten, die nicht nur auf Gemälden, sondern auch an Kirchenwänden bildnerisch

---

13 A.a.O. 444f.

umgesetzt wurden. Unter anderem gilt das für eine Schilderung der Auferweckung Jesu in dem nur teilweise erhaltenen Petrusevangelium, das Ende des 1. bzw. Anfang des 2. Jahrhunderts in Syrien entstanden sein dürfte.

In den vier kanonischen Evangelien findet sich nicht der geringste Hinweis auf den *Vorgang* der Auferstehung; lediglich von Erscheinungen ist dort die Rede. Ganz anders im Petrusevangelium, das die Auferstehung überaus detailfreudig schildert. Berichtet wird, dass die von Pilatus beauftragten Grabwächter eine Stimme vom Himmel her hören, die den Auferstandenen fragt: »Hast du den Entschlafenen gepredigt?«[14]

Wohl heißt es im 1. Petrusbrief, Jesus sei nach seinem Tod zuerst zu den Geistern im Gefängnis gegangen, wo er ihnen »predigte« (1 Petr 3,19). Die östlichen Kirchen interpretieren diese Aussage dahingehend, dass der am Kreuz Hingerichtete vor seiner Auferweckung »dem Geist nach« (1 Petr 3,18) in die Unterwelt hinabgestiegen sei. Darunter verstand man nicht die Hölle der Verdammten, sondern den *limbus patrum*, eine Art Vorhimmel oder Vorhölle, wo sich einer damaligen theologischen Lehrmeinung zufolge die Seelen der *patres*, das heißt jener Gerechten aufhielten, denen der Himmel bis zum Tod des Erlösers verschlossen blieb.

In der byzantinischen Kunst sind Darstellungen vom Abstieg Jesu in das Reich des Todes etwa seit dem 8. Jahrhundert greifbar, und zwar als *Anastasis*, als der *Auferweckung des Gekreuzigten zugehörig*. Im Westen kommen entsprechende bildnerische Ausgestaltungen erst seit dem 11. Jahrhundert vor; ab dem 16. Jahrhundert werden sie seltener.

Das Bildschema bleibt über Jahrhunderte hin fast unverändert. Der Auferweckte schreitet in Siegerpose auf das aufgesprengte Tor der Unterwelt zu. Die grollenden Dämonen mit ihren fratzenhaften Gesichtern, die den Eingang bewachen, müssen weichen. In der einen Hand hält Jesus die österliche Siegesfahne mit dem Kreuz. Die andere streckt er Adam entgegen, der zusammen mit Eva zuerst aus dem Höllentor tritt; die beiden haben ja auch am

---

14 Petrusevangelium 9–10; Schindler 479–486; 483f.

Martin Schongauer, Jesus steigt hinab in die Unterwelt. 1470–1480. Dominikanerkirche Colmar. Foto: Unbekannt.

längsten gewartet. Auf manchen Darstellungen sind weitere alttestamentliche Gestalten zu erkennen: David, Salomo, Johannes der Täufer …

Ähnlich und doch wiederum ganz anders präsentiert sich die Szenerie der Höllenfahrt Christi in dem in der ersten Hälfte des 4. Jahrhunderts entstandenen Nikodemusevangelium, wo sich der

Unbekannter Meister (15./16. Jahrhundert), Abstieg Jesu in das Reich des Todes. Fresko in Santa Maria della Misericordia, Ascona. Die Hammereinschläge im Bild dienten dazu, um den später auf den Bilderzyklus aufgetragenen Mörtel haftbar zu machen.
Foto: I. Casutt. © J. Imbach.

Graduale von Friedrich Zollner, Initiale von Christi Himmelfahrt. Um 1442.
Foto: Hubert Walder, in: M. Peintner, Kloster Neustift. Das Augustiner-Chorherrenstift und die Buchmalerei, Verlagsanstalt Athesia, Bozen 1996, 145.

reumütige Schächer mit einem Kreuz oder einer Osterfahne zum auferweckten Jesus gesellt.[15] Eine der sehr seltenen Darstellungen stammt aus dem 15./16. Jahrhundert; sie findet sich in der Kirche Santa Maria della Misericordia im tessinischen Ascona.

Im Johannesevangelium ist davon die Rede, dass der Apostel Thomas sich von der Leiblichkeit der Auferweckung Jesu überzeugen konnte, indem er die Hand in Jesu Wunden legte (Joh 20,26–28). In der vermutlich im letzten Drittel des dritten Jahrhunderts entstandenen apokryphen *Epistula Apostolorum* (besser bekannt unter der Bezeichnung *Apostelakten*) wird noch ein weiterer angeblicher Beweis für die leibliche Auferweckung Jesu angeführt, der in der christlichen Kunst ebenfalls seinen Niederschlag gefunden hat. Jesus wendet sich dort an den außer Thomas ebenfalls zweifelnden Apostel Andreas: »Andreas sieh, ob mein Fuß auf die Erde tritt und dabei eine Spur hinterlässt. Denn es steht geschrieben beim Propheten: Ein Gespenst, ein Dämon hat keine Spur auf der Erde.«[16]

---

15 Nikodemusevangelium 10 (26); Schindler 489–542; 537.
16 Epistula Apostolorum (Apostelakten) https://www.yumpu.com/de/document/read/21559274/das-apostel-rundschreiben-greenfield-22 (2.7.2019).

Diese Fußspur findet sich in der mittelalterlichen und frühneuzeitlichen Kunst auf manchen Darstellungen von Christi Himmelfahrt.

Verschwörungstheorien

Zusammengefasst lässt sich sagen: Die weitaus meisten Apokryphen erfreuten sich in kirchlichen Kreisen wegen ihres erbaulichen Charakters höchster Beliebtheit – was sich wiederum auf die christliche Bilderwelt auswirkte.

Der Begriff Apokryphen bezeichnet geheime (oder geheim gehaltene?) in Bezug auf den Inhalt der Bibel ähnliche Schriften. Der Begriff *geheim*, im Sinn von *geheim gehalten*, gab Anlass zu Spekulationen und Verschwörungstheorien, denen zufolge die Amtskirche diese Texte um jeden Preis eben geheim halten wollte. Weil sie angeblich brisante, beziehungsweise glaubenswidrige oder kirchenkritische Lehren enthielten.

Diese Theorie fällt in sich zusammen, sobald man sich fragt: *Von wem* wurden *einzelne* solcher Bücher geheim gehalten? Und vor allem *welche*? Dies trifft lediglich für die gnostischen Schriften zu, die nur für Eingeweihte bestimmt waren. Diese Leute aber waren *selber* daran interessiert, diese Texte ausschließlich solchen zugänglich zu machen, die ihren Gemeinschaften angehörten oder mit ihnen sympathisierten. Amtskirchlicherseits wurden *diese* (und nur diese) Schriften als häretisch eingestuft und naturgemäß bekämpft – sofern sie überhaupt bekannt waren.

Im Hinblick auf die Apokryphen von Geheimniskrämerei, von Unterdrückung, von Manipulation seitens der Kirchenoberen zu sprechen, zeigt schlicht, dass man von kirchlichem Legendengut und von christlicher Kunst wenig Ahnung hat.

Verwirrspiel um den Begriff *Apokryphen*

Im Judentum zählen 7 Bücher aus der Spätzeit des Alten Testaments (die sogenannten »Spätschriften«) *nicht* zur (Hebräischen) Bibel: *Tobit, Judit, 1 und 2 Makkabäer, Weisheit, Sirach, Baruch*. Im Judentum spricht man im Hinblick auf *diese* Bücher von *Apokryphen*.

Im katholischen Sprachgebrauch nennt man diese Spätschriften *deuterokanonische Schriften* (wörtlich: an zweiter Stelle im Kanon angeführte Schriften – weil ihre Kanonizität in der frühkirchlichen Zeit zunächst umstritten war). Sie gehören also zur Bibel.

Diese Bezeichnung (und die damit verbundene Wertung) wurde von den Reformatoren übernommen.

Als *apokryph* hingegen bezeichnet die *katholische Kirche* bibelähnliche Schriften (z. B. Petrusevangelium, Thomasevangelium …), die nicht in den Kanon aufgenommen wurden.

Menschenwort oder Gottesrede?
oder
Wie erbauliche Bücher zu Heiligen Schriften wurden

Sola Scriptura – in Sachen Glaubensfragen zählt, sagten die Reformatoren, einzig und allein die Heilige Schrift. Und widerlegten sich damit im Grunde selbst.

Wenn einzig und allein die Bibel, nicht aber Entscheidungen seitens kirchlicher Instanzen den Ausschlag gab, welche Schriften als geistinspiriert zu gelten hätten, müsste sich in der Bibel irgendwo eine Stelle finden, die sagt, welche Bücher zum Buch der Bücher gehören. Aber da kann man lange blättern – und finden wird sich nichts.

Welche Schriften Teil der *Heiligen Schrift* sind, stand allerdings nicht schon zur Zeit ihrer Entstehung fest.

Der Streit ums Alte Testament

Im zweiten Jahrhundert unserer Zeitrechnung herrschte innerhalb der christlichen Ortskirchen noch immer Unklarheit darüber, welche Bücher den biblischen Schriften zuzuzählen seien. Diese Unsicherheit veranlasste den römischen Klerus Ende Juli des Jahres 144, in dieser Sache eine Anhörung durchzuführen. Unter anderen äußerte sich in der fraglichen Angelegenheit auch ein gewisser Markion, und dies auf eine Weise, dass es den damaligen Schriftgelehrten und Gottesexperten die Sprache verschlug. Markion war sich sicher, einen Coup landen zu können, der sich dann aber als ein Schlag ins Wasser erwies.

Bei dem besagten Markion handelte es sich um einen um 85 n. Chr. in der am Schwarzen Meer gelegenen Handelsstadt Sinope geborenen Schiffseigner und Seekaufmann. Um 135 verlegte er seinen Wohnsitz nach Rom, wo er die dortige Christengemeinde mit umfangreichen finanziellen Spenden unterstützte. Nicht zuletzt deshalb hatte er als angesehenes Gemeindemitglied in der römischen Christengemeinde mehr als nur ein Wörtlein mitzureden. Aber was er den dortigen Presbytern, den Ältesten, vortrug, stieß nicht nur bei ihnen auf Ablehnung.

Worum es Markion ging, erfährt man in seiner einzigen von ihm veröffentlichten Schrift. Der Titel: *Antithesen*. Aber er könnte auch anders lauten, beispielsweise: *Markion contra Christianitatem* (Markion gegen die Christenheit). Leider ist der genaue Inhalt dieses verlorenen Manuskripts nicht bekannt, sondern man muss ihn aus den Erwiderungen der Gegner rekonstruieren (wobei offenbleiben muss, ob die ihn richtig verstanden haben).

Eines gilt als gesichert: Es ging um die Frage, welche Schriften für die sich auf Jesus berufende Glaubensgemeinschaft verbindlich sein sollten.[17]

Nach Markion beinhaltet das gesamte Alte Testament keinerlei göttliche Offenbarung. Tatsächlich unterschied er zwischen einem höchsten Gott der Güte und einem niederen Gott der Gerechtigkeit. Der alttestamentliche Gott ist ihm zufolge ein Gott der Gerechtigkeit, der mit dem von Jesus geoffenbarten Gott des Erbarmens nichts, aber auch gar nichts gemein hat. Zur Stützung seiner These führte Markion eine ganze Reihe von Gründen an: Nach Mose gilt der Grundsatz »Auge für Auge, Zahn für Zahn« (Ex 21,24). Christus hat diese Bestimmung außer Kraft gesetzt. Im Alten Testament sind Ehescheidung und Polygamie erlaubt (Abrahams Sohn Jakob hatte zwei Frauen: Rahel und Lea); Jesus hingegen lehnt mit Verweis auf Gottes Schöpfungsplan (Mt 19,3-8) beides ab. Entsprechend der mosaischen Weisung sind die strengen Sabbatvorschriften einzuhalten; Jesus relativiert sie, indem er auch am Sabbat Kranke heilt (denen man an diesem Tag nur in Todesgefahr beistehen durfte).

---

17 Zum Folgenden vgl. B. M. Metzger, Der Kanon des Neuen Testaments, Ostfildern ²2012, 96–103.

Auch innerhalb des Alten Testaments selbst macht Markion Widersprüchlichkeiten aus. Gott befiehlt, dass man am Sabbat nicht arbeiten darf; dennoch heißt er die Israeliten an diesem Tag die Bundeslade siebenmal um Jericho herumzutragen (Jos 6,1–16). Einerseits ist es verboten, Bildnisse zu schaffen (die zum Götterkult Anlass geben könnten; Ex 20,4); trotzdem befiehlt Gott Mose, eine Schlange aus Metall herzustellen. Überdies konnte der alttestamentliche Gott unmöglich allwissend sein – wie sonst hätte er den Stammvater der Menschheit im Paradies nach dem Sündenfall *fragen* müssen: »Wo bist du?« (Gen 3,9).

Aufgrund solcher und zahlreicher ähnlicher Erwägungen lehnt Markion das Alte Testament ab. Etwas vergröbernd ausgedrückt: Für ihn hat der alttestamentliche Richtergott nichts gemeinsam mit dem Gott der Barmherzigkeit, den Jesus verkündet. Ergo hat das Alte Testament für Christenmenschen keinerlei Gültigkeit noch verpflichtenden Charakter. Mehr noch! Die zwölf Apostel haben seiner Meinung nach Jesu Lehre missverstanden und ihn für den vom Gott der Juden verheißenen Messias gehalten. Jesus indessen hat, so Markion, einen ganz anderen Gott verkündet.

Bezüglich der Evangelien herrschte damals innerhalb der Ortskirchen noch große Unsicherheit. Vor allem das Johannesevangelium war umstritten, weil es von den drei anderen (Markus, Matthäus, Lukas) erheblich abwich. Nach Markion war das Lukasevangelium besonders verlässlich – über die von ihm angeführten Gründe weiß man leider nichts Genaueres. Tatsache ist, dass er, weil er das Alte Testament prinzipiell verwarf, nur den Lukastext gelten ließ – und daraus sämtliche Passagen mit alttestamentlichen Hinweisen und Bezügen herausstrich. Als verlässlich galten ihm noch einige Paulusbriefe. Dabei vergaß Markion gerade, was ausgerechnet Paulus im Römerbrief mit Blick auf das Judentum angemahnt hatte: »Nicht du [Christ] trägst die Wurzel, sondern die Wurzel trägt dich« (Röm 11,18). Und diese Wurzel ist das Alte Testament und damit das Judentum, zu dem sich Jesus bekannte – er war ja nicht der erste Christ, sondern ein Jude!

Markions Thesen stießen beim römischen Klerus nicht nur auf dezidierte Ablehnung, sondern gaben auch Anlass zur Empörung. Der Möchtegern-Reformer wurde exkommuniziert; die der Gemeinde zugewendeten Güter stattete man ihm zurück. Von da an ging er seinen eigenen Weg, was auf die Gründung einer Gegenkirche hinauslief. Die fand in weiten Teilen des römischen Reiches so viele Anhängerinnen und Anhänger, dass die neue Bewegung gegen Ende des zweiten Jahrhunderts eine ernst zu nehmende Gefahr für das Christentum darstellte.

Damit war die Debatte darüber, welche Bücher denn nun zur Heiligen Schrift gehörten, innerkirchlich keineswegs abgeschlossen; sie hatte vielmehr noch gar nicht richtig begonnen. Die Auseinandersetzung mit Markion ist bloß eine Episode der weiterhin andauernden Diskussion.

Heute stellt sich die Frage: Wie kam es, dass nur ganz bestimmte Bücher in die Bibel Eingang fanden, ähnliche aber nicht rezipiert wurden? Mit anderen Worten: Wie hat man herausgefunden bzw. beurteilt, welche Schriften »inspiriert« sind und deshalb als »heilig« gelten? In der Bibel jedenfalls finden sich diesbezüglich keine Hinweise.

Wenn im Neuen Testament von der *Schrift*, respektive von den *Schriften* die Rede ist, bezieht sich das auf das Alte Testament. Bevor und erst recht nachdem die radikale Kritik Markions von der römischen Kirche abgeschmettert wurde, stand die Berechtigung des Alten Testament als Heilige Schrift nicht mehr zur Diskussion. Diese Hebräische Bibel fußt zu einem guten Teil auf um etwa 1000 vor Christus entstandenen mündlichen Überlieferungen, die im Lauf der Zeit niedergeschrieben wurden. Aus diesen und weiteren später entstandenen Texten gingen drei Hauptgruppen von biblischen Schriften hervor, nämlich die *fünf Bücher Mose*, die *Propheten* und die *übrigen Schriften*.

Der Umfang des dritten Teils blieb im Judentum lange ungeklärt. Anlässlich einer Zusammenkunft seiner wichtigsten Vertreter, die ums Jahr 100 nach Christus im palästinischen Jawne stattfand, kam es zu einer Entscheidung. Bei dieser Gelegenheit wurden auch einige bislang umstrittene Bücher in das Verzeichnis der Heiligen Schriften aufgenommen (Hohelied, Rut, Klagelieder, Kohelet, Ester, Daniel, Esra, Nehemia und die beiden Chronikbücher) – nicht aber eine Reihe weiterer in aramäischer, in hebräischer oder in griechischer Sprache verfasste Bücher (Judit, Tobit, Weisheit, Jesus Sirach, 1 und 2 Makkabäer und Baruch). Einige davon waren auch in griechischer Übersetzung vorhanden, die den des Hebräischen nicht mehr mächtigen Juden in der Diaspora diente. Da das Judentum keine oberste Lehrautorität kennt, wurden diese Texte mancherorts als den übrigen ebenbürtig erachtet.

Für Jesus und seine Zeitgenossen bildeten die drei (im Detail noch nicht festgelegten) Hauptgruppen den maßgebenden Text – oder wie man heute sagt: den *Kanon*. Der aus dem Griechischen stammende Begriff bedeutet *Stange* oder *Messlatte*. Im biblischen Kontext besagt das, dass die nunmehr *kanonischen* Schriften als bindend und damit als normativ zu betrachten waren.

Obwohl der jüdische Kanon zur Zeit Jesu noch nicht endgültig definiert war, galten die damals zirkulierenden Heiligen Schriften für ihn und dann auch für die frühe Kirche als verbindliche Offenbarungszeugnisse des Jahwe-Gottes.

Für die Christenheit war damit *ein* Problem erst geortet, aber keineswegs gelöst. Ein Kanon, verstanden als Richtschnur und Grundlage, muss präzise definiert sein, eine Notwendigkeit, die sich spätestens seit der Auseinandersetzung mit Markion als aktuell erwies.

Deshalb galt es zu entscheiden, welche *alttestamentlichen Schriften* denn nun *für die Kirche* kanonische Geltung beanspruchen konnten. Im Gegensatz zu späteren innerkirchlichen Auseinandersetzungen hielten sich die diesbezüglichen Debatten und Diskussionen in Grenzen.

Heilige Schriften im Christentum

Der erste Christ, der kritisch zu werten suchte, welche *jüdischen* Schriften von der Großkirche als Heilige Schrift anerkannt zu werden verdienten, war ein Bischof im kleinasiatischen Sardes namens Melito. Eine von ihm um 170 zusammengestellte »Liste des Alten

Bundes« ist praktisch identisch mit dem offiziellen hebräischen Kanon; es fehlt darin einzig das Buch Ester. Anlass zu kleineren Auseinandersetzungen gaben gelegentlich die Bücher Judit, Tobit, Weisheit, 1 und 2 Makkabäer, Jesus Sirach und Baruch, sowie die in der griechischen Übersetzung eingearbeiteten Zusätze zu Ester und Daniel. Bezüglich des Letzteren betrifft das vor allem die Kriminalgeschichte um die keusche Susanna (vgl. Dan 13).

Ein weiteres Problem stellte sich, als irgendwann die Frage auftauchte, ob nicht auch den in den christlichen Versammlungen verlesenen Texten (also den Briefen, der Apostelgeschichte und einigen Evangelien) die gleiche normative Rolle zukomme, wie den von den Juden übernommenen Büchern. Wenn ja, war es unumgänglich, eine Liste der betreffenden Schriften zusammenzustellen. Das erwies sich im Vergleich zum jüdischen Kanon als erheblich schwieriger. Dies auch deshalb, weil schon früher eine Reihe von Evangelien im Umlauf waren, die sich teilweise erheblich voneinander unterschieden.

Die damit verbundenen Probleme versuchte ein findiger Theologe namens Tatian zu lösen. Über ihn weiss man wenig. Er stammte aus Ostsyrien, wandte sich dem Christentum zu und gründete später eine Sekte, deren Mitglieder unter anderem die Ehe, sowie den Fleisch- und Weingenuss als sündhaft verwarfen. Gestorben ist er um 170. Unter den damals zirkulierenden Evangelien wählte er das Markus-, das Matthäus-, das Lukas- und das Johannesevangelium aus. Mittels dieser teilweise voneinander abweichenden Texte erarbeitete er eine widerspruchsfreie Fassung, der er den Titel *Diatessaron* gab. Der Begriff stammt aus der Musiktheorie und bezeichnet eine Folge von vier Tönen – eine geradezu geniale Bezeichnung für eine Harmonisierung der vier genannten Schriften. Als Grundlage diente Tatian das Johannesevangelium. In dieses arbeitete er die anderen drei ein. Sein Vorgehen deutet darauf hin, dass man den vier erwähnten Evangelien eine besondere Bedeutung beimaß. Allerdings vermochte sich Tatians Schrift gegen die bereits bestehenden Evangelien nicht mehr durchzusetzen. Leider ist sein *Diatessaron* auch nicht erhalten geblieben. Ein nur wenige Zeilen umfassendes Fragment wurde 1939 bei Ausgrabungen in einer ehemaligen römischen Festung am unteren Euphrat entdeckt.

Damit aber ist eine Frage angesprochen, die sich viele stellen: Warum gehören zur Bibel nur vier Evangelien, obwohl es deren noch viele andere gibt? Oder warum nicht nur eines? Und aufgrund welcher Kriterien wurde den im Neuen Testament enthaltenen Briefen eine ungleich größere Bedeutung zugesprochen als einigen weiteren, ebenso gehaltvollen Lehr- und Ermahnungsschreiben? Zu nennen wäre hier der ums Jahr 100 verfasste erste Clemensbrief, den die Gemeinde von Rom an die Gemeinde von Korinth schrieb (und der immerhin ein halbes Jahrhundert vor dem 2. Petrusbrief verfasst wurde). Dies verwundert umso mehr, als der Clemensbrief bis ins 5. Jahrhundert in einigen Gemeinden im Gottesdienst verlesen wurde. Weshalb die Syrische Kirche ihn auch der Heiligen Schrift zurechnete.

Bevor diese Fragen beantwortet werden können, tut man gut daran, die faktische Entwicklung weiterzuverfolgen. Dabei stellt man unweigerlich fest, dass der ganze Prozess der Kanonbildung äußerst komplex verlief. Zur »Auswahl« standen ja nicht nur die in unserer Bibel enthaltenen Schriften, sondern eine ganze Reihe anderer Texte, nämlich *Briefe* (Barnabasbrief, zwei Clemensbriefe …), *Apokalypsen* (Hirte des Hermas), *Apostelakten* (Paulusakten, Petrusakten), sowie eine ganze Reihe von *Evangelien* (Bartholomäusevangelium, Hebräerevangelium, Protoevangelium des Jakobus, verschiedene Evangelien betreffend die Kindheit Jesu, Petrusevangelium, Thomasevangelium …).[18]

Die meisten dieser Schriften bezeichnet man als *Apokryphen*. Es handelt sich um Texte, die gewisse Ähnlichkeiten mit den biblischen Büchern aufweisen, die aber nicht in den Kanon aufgenommen wurden – sei es aus inhaltlichen Gründen, sei es, weil sie nicht allgemein bekannt waren, sei es schließlich, weil ihre Autorität nicht allgemein anerkannt war oder weil sie erst nach Abschluss des Kanons entstanden.

---

18 Vgl. dazu das vorhergehende Kapitel in diesem Buch.

Aus dem 2. Petrusbrief geht hervor, dass zunächst die Paulusbriefe gesammelt wurden (2 Petr 3,15–16). Manche von ihnen waren wohl schon ums Jahr 70 im Umlauf. Sie wurden in den christlichen Gemeinden als über den aktuellen Anlass hinaus gültige Botschaften verlesen (siehe 2 Thess 5,27; Röm 16,16). Ausdrücklich wünschte Paulus die Weitergabe seiner Schreiben an nicht von ihm gegründete Gemeinden (Gal 1,2; 2 Kor 1,1). Die wurden dann unter den einzelnen Ortskirchen ausgetauscht (Kol 4,16), wobei auch Fälschungen zirkulierten (2 Thess 2,2; 3,17).

Die Gefolgsleute des Paulus sorgten nach seinem Tod mit weiteren, ihm zugeschriebenen Briefen für die Verbreitung seiner Theologie. Umfang und Reihenfolge der Paulusbriefsammlung blieben jedoch bis etwa um 200 uneinheitlich.

Seit dem späten 2. Jahrhundert erstellten Kirchenväter Listen von Schriften, die sie als verbindlich erachteten. Ihr wichtigstes Kriterium für die Aufnahme war *damals* die Verfasserschaft durch einen von Jesus berufenen Apostel oder eine von einem Apostel autorisierte Abfassung – aber das hat sich später geändert. Das Matthäus- und Johannesevangelium galten *damals* als apostolisch, das Markusevangelium als von Simon Petrus, das Lukasevangelium als von Paulus bestätigt.

Diese und einige weitere später als kanonisch geltende Schriften wurden in den Gottesdiensten vorgelesen, dienten als Richtschnur für die Ordnung innerhalb der Gemeinden und wurden als Hilfe für den Katechumenenunterricht verwendet.

Die älteste bekannte Aufstellung, der nach seinem Entdecker Lodovico Antonio Muratori benannte *Kanon Muratori*, entstand ums Jahr 170 und beinhaltete auch die (apokryphe) Apokalypse des Petrus, nicht jedoch die heute als kanonisch geltenden beiden Petrusbriefe, noch den Judas-, den Jakobus- und den 3. Johannesbrief.

Im 3. Jahrhundert ist immer noch nicht definitiv geklärt, welche neutestamentlichen Briefe zu den für die Kirche allgemein bindenden Schriften gehören, wie der folgende Überblick zeigt.

Teilweise angezweifelt, aber *schließlich in den Kanon aufgenommen* wurden die folgenden acht Schriften:
- der Hebräerbrief (im Osten nie angezweifelt, wohl aber im Westen)
- der Jakobusbrief
- der 1. und 2. Petrusbrief (der erste wurde nur selten angezweifelt, der zweite dagegen oft)
- der 2. und 3. Johannesbrief
- der Judasbrief
- die Johannesapokalypse (im Gegensatz zum Osten im Westen nie angezweifelt)

Teilweise anerkannt, aber *nicht in den Kanon aufgenommen* wurden
- der 1. und 2. Clemensbrief
- die Didache
- der Barnabasbrief
- der Hirte des Hermas
- das Hebräerevangelium
- die Petrusapokalypse

Um die Mitte des 4. Jahrhunderts verfasst der Kirchenvater Kyrill von Jerusalem eine Liste, die bis auf die Offenbarung des Johannes alle Schriften des Neuen Testaments enthält. Der Kirchenvater und Bischof Athanasius von Alexandria führt 367 in seinem 39. Osterfestbrief alle Bücher des heutigen Neuen Testaments auf, weicht im Alten Testament aber noch etwas von der heute üblichen Liste ab.

Erst die dritte (lokale) Synode von Karthago, die allerdings nur für den Bereich Nordafrika sprach, anerkannte im Jahr 397 den heute noch gültigen Kanon (46 Schriften aus dem Alten, 27 aus dem Neuen Testament) und verbot, andere Schriften im Gottesdienst zu verlesen.

Welcher Kriterien bedienten sich die kirchlichen Autoritäten, um festzulegen, welche Schriften göttlichen Ursprungs und damit geistinspiriert und *deshalb* allgemein verpflichtend sind? Wenn man die ganze Entwicklung genau verfolgt, erkennt man leicht, dass sich die frühkirchlichen Theologen keineswegs von Willkür leiten ließen.[19]

1. Anfänglich galt eine Schrift als bindend, wenn sie (wie man meinte) von einem Apostel oder Apostelschüler stammte. Die Paulusbriefe wurden aus diesem Grund sofort akzeptiert, während der Hebräerbrief längere Zeit umstritten blieb, weil man sich hinsichtlich der Urheberschaft nicht einig war.

   Andere Dokumente nahm man auf, weil sie von jemandem stammten, der angeblich in enger Verbindung mit einem Apostel stand. Deshalb stellte man das Markus- und das Lukasevangelium auf eine Stufe mit den Evangelien des Matthäus und des Johannes (die nach heutiger Erkenntnis sicher nicht von diesen verfasst wurden)[20]. Jedes Buch musste unbedingt und nachweislich aus der Frühzeit der Gemeinden stammen. Die Frage nach der Apostolizität wurde allerdings nicht allzu streng gehandhabt. Was später zählte, *war nicht mehr die apostolische Urheberschaft, sondern der apostolische, das heißt der auf die Verkündigung Jesu und der Apostel zurückgehende Inhalt.* Obwohl die Autorenschaft des Hebräerbriefes unsicher war, nahm man ihn doch in den Kanon auf, weil er weitere gleich zu nennende Kriterien erfüllte.

2. Ein zweites Kriterium ergab sich aus der Frage, ob ein Buch den rechten Glauben vertrete. Es musste mit dem Verständnis von dem von der kirchlichen Gemeinschaft überlieferten Glauben übereinstimmen. Aufgrund dieses Kriteriums verwarf man Dokumente mit authentisch klingenden Titeln wie zum Beispiel das Thomasevangelium oder die Apostelakten des Johannes.

3. Ausschlaggebend war ferner, ob eine Schrift als Gottes Wort von der Gesamtkirche rezipiert oder nur von einzelnen Sondergruppen als solches betrachtet wurde. Briefe an eine bestimmte

---

19 Im Folgenden zitiere ich zum Teil wörtlich P. und D. Alexander, Das große Handbuch zur Bibel, Stuttgart 2001, 72f.
20 Dazu mehr im folgenden Kapitel.

Gemeinde wurden akzeptiert, wenn die darin enthaltene Botschaft auch für die Gesamtkirche gültig erschien.

So wurde selbst der auf den ersten Blick unwichtig erscheinende 2. Johannesbrief als kanonisch anerkannt, weil der Verfasser Wert darauf legte, die Gottessohnschaft Jesu gegen jene zu verteidigen, welche die Menschwerdung der zweiten göttlichen Person leugneten (vgl. 2 Joh 7–11).

4. Längerfristig bestand die wichtigste Prüfung einer Schrift darin, ob sie dem Gemeindeleben förderlich sei. Allerdings darf man sich nicht ein Komitee vorstellen, das in langen und gesäßstrapazierenden Sitzungen in dieser Sache ein Urteil fällte. Und schon gar nicht verließ man sich auf Umfragen oder Interviews mit profilsüchtigen Christenmenschen, die es damals schon gab. Eine entscheidende Rolle bei der Kanonisierung spielte vielmehr die Frage, welche Schriften eine spirituelle Wirkung entfalteten, sodass sie von den Gläubigen in den liturgischen Versammlungen akzeptiert und verinnerlicht wurden. Letztlich waren es also nicht beliebige kirchliche Amtspersonen, die dank ihrer Stellung darüber entschieden, welche Schriften als normgebend zu betrachten waren. Vielmehr trug die Glaubensgemeinschaft als Ganze zu diesem Konsens bei – eine Art der Wahrheitsfindung, die heute vielerorts vermisst wird.

Im Kanon haben sich die besten das Christentum stützenden Bücher durchgesetzt, nicht, wie gelegentlich vermutet oder gar behauptet, mittels Manipulation einzelner kirchlicher Machthaber, sondern aufgrund des Glaubenssinns der Gläubigen (von dem erst das Zweite Vatikanische Konzil wieder sprach)[21].

---

21 Seitens der katholischen Amtskirche scheint man sich heute kaum mehr daran zu erinnern, welche Bedeutung das Zweite Vatikanische Konzil dem »Glaubenssinn der Gläubigen« beimisst (vgl. Dogmatische Konstitution über die Kirche, *Lumen gentium*, Nr. 12). Diesem Glaubenssinn der Gläubigen, d. h. dem Gespür der Getauften für das, was jeweils evangeliengemäß ist, eignet nicht nur eine *wahrheitsbezeugende*, sondern auch eine *wahrheitsfindende* Funktion.

Frühchristliche Kriterien für die Kanonizität biblischer Bücher
1. Kanonisch, d. h. allgemein verpflichtend ist, was (wie man damals annahm) *von einem Apostel oder Apostelschüler* stammte. Die Paulusbriefe wurden deshalb sofort akzeptiert, während bezüglich des Hebräerbriefs lange berechtigte Zweifel herrschten, weil man die Urheberschaft nicht klären konnte.
Jedes Buch musste nachweislich *aus der Frühzeit der Gemeinden stammen.* Später zählte nicht mehr die apostolische Urheberschaft, sondern der apostolische, d. h. der auf die Verkündigung Jesu zurückgehende Inhalt.
2. Ein Buch gehört zur Bibel, wenn es *mit dem von der kirchlichen Gemeinschaft überlieferten Glauben übereinstimmt.*
3. *Die Gesamtkirche* muss eine Schrift als Gottes Wort rezipieren.
4. Kanonisch sind die *Bücher, die dem Gemeindeleben förderlich sind.*

Neu aufgeworfen wurde die Frage nach der Kanonizität der biblischen Bücher dann seitens der Reformatoren. Martin Luther berief sich in dieser Sache auf den heiligen Hieronymus († 420), der seinerzeit gegen Augustinus († 430) den jüdischen Kanon als von Gott inspiriert und damit als einzig verpflichtend verteidigt hatte. Was bedeutet, dass er wie die Angehörigen der jüdischen Glaubensgemeinschaft die alttestamentlichen Bücher Tobit, Judit, 1 und 2 Makkabäer, Weisheit, Jesus Sirach und Baruch als nicht zur Bibel gehörend einstufte. In manchen heutigen evangelischen Übersetzungen sind sie wieder enthalten. Diese betrachteten die Reformatoren gewissermaßen als *secondhand-books*, denen bei etwaigen theologischen Auseinandersetzungen keinerlei Beweiskraft zukommt. Nach Martin Luther handelt es sich um »Bücher, so der Heiligen Schrift nicht gleich gehalten, und doch nützlich und gut zu lesen sind«. Eine ähnliche Haltung nimmt die Anglikanische Kirche ein. Die eher calvinistisch geprägten Überlieferungen innerhalb des Protestantismus integrieren diese Bücher meist nicht in ihren Kanon.

Im Judentum gelten einige von der römisch-katholischen und den orthodoxen Kirchen als kanonisch betrachtete alttestamentliche Schriften als nicht kanonisch. Die Kirchen der Reformation haben sich diese Sicht zu eigen gemacht.
- Tobit
- Judit
- 1 und 2 Makkabäer
- Buch der Weisheit
- Jesus Sirach
- Baruch

Am 8. April 1546 erklärte das Konzil von Trient, dass diese umstrittenen Schriften den übrigen biblischen Büchern gegenüber als gleichrangig zu gelten hätten. Bei theologischen Auseinandersetzungen zwischen den einzelnen christlichen Konfessionen spielen sie allerdings kaum eine Rolle.

Die Schnüffler an der Nase herumgeführt

Welch große Bedeutung die Gläubigen der Vergangenheit den heiligen Büchern beimaßen, lässt sich anhand einer Begebenheit illustrieren, die sich zu Beginn des 4. Jahrhunderts zugetragen hat.

Am 23. Februar 303 verbot der römische Kaiser Diokletian die christlichen Gottesdienste, ordnete die Zerstörung von Kirchen, die Verbrennung christlicher Schriften und die Inhaftierung von christlichen Staatsbeamten an. Überdies erließ er ein Ämterverbot für Christen. Das Edikt verfügte die Einkerkerung und Folterung aller Gemeindevorsteher, Bischöfe und Presbyter. In diesem Zusammenhang kam es zu Hausdurchsuchungen. Sobald die kaiserliche Polizei an die Tür klopfte und die Herausgabe der christlichen Schriften verlangte, wurde es zur Gewissensfrage, ob man das Johannesevangelium (über dessen kanonische Bedeutung man sich damals noch nicht sicher war) ebenso herausgeben könne wie zum Beispiel das apokryphe Thomasevangelium, ohne ein Sakrileg zu begehen.

Von Mensurius, dem Bischof von Karthago ist überliefert, dass er die heiligen Schriften an einem sicheren Ort verwahrte. Als die kaiserlichen Magistratsbeamten bei ihm anklopften, händigte er ihnen lediglich ein paar häretische Bücher aus, die er zum Zweck der Widerlegung bei sich verwahrte. Die römischen Büttel, die weder lesen noch schreiben konnten, freuten sich über den Erfolg ihres Unternehmens – und der Bischof freute sich, weil es ihm gelungen war, sie zu übertölpeln.

Falsche Verfasserangaben
oder
Keine Augen- und Ohrenzeugen

Wenn in einem christlichen Gottesdienst ein Abschnitt aus einem Evangelium verlesen wird, wird der Verfasser des betreffenden Textes stets mit Namen genannt: Markus, Matthäus, Lukas, Johannes. Aber handelt es sich bei diesen Personen um Augenzeugen, die Jesus auf seinem Weg von Galiläa nach Jerusalem begleitet haben? Weder Lukas noch Markus gehörten zum Zwölferkreis der Apostel. Was besagt, dass sie weder Jesu Wirken noch seine Verkündigung miterlebt haben. Gleiches gilt – und das zu hören oder zu lesen dürfte für manche Christenmenschen überraschend sein – auch für die Verfasser des Matthäus- und des Johannesevangeliums. Aber gehen wir der Reihe nach vor!

Evangelisten als Augenzeugen?

Das zeitlich früheste *euaggélion* (dies der griechische Begriff für *Gute Botschaft*) entstand ums Jahr 70. Eine alte Überlieferung schreibt es einem gewissen *Markus* zu (der damit gleichzeitig eine neue Literaturgattung schuf). Wer aber versteckt sich hinter diesem Schriftsteller und Theologen? Wie bereits erwähnt, gehörte er nicht zum engeren Kreis um Jesus. Im Evangelium selbst bleibt er ungenannt. Gegen Ende des ersten Jahrhunderts nennt der Kirchenvater und Bischof Papias von Hierapolis als Verfasser den in der Apostelgeschichte erwähnten Jerusalemer Judenchristen Johannes Markus (Apg 12,12). Der wird an anderer Stelle als Mitarbeiter des Paulus vorgestellt (Phlm 24; Kol 4,10; 2 Tim 4,11) und im 1. Petrusbrief von dessen (in Wirklichkeit unbekanntem) Verfasser als »mein Sohn« bezeichnet (1 Petr 5,13).

Die Zuschreibung erfolgte wohl in der Absicht, eine Verbindung zwischen diesem Markus und den beiden Aposteln Petrus und Paulus herzustellen und seinem Evangelium so eine apostolische Legitimation zu verleihen.

Dass der Judenchrist Markus nicht der Verfasser der nach ihm benannten Schrift ist, geht schon daraus hervor, dass er mit der Geografie Palästinas nur mangelhaft vertraut ist. Weshalb die Forschung überwiegend darin übereinstimmt, dass der anonyme Autor im Heidenchristentum zu orten ist. Dafür spricht auch der Umstand, dass er seiner Leserschaft jüdische Sitten erklärt (Waschungen vor dem Mahl: Mk 7,2–4; Zeitpunkt der Schlachtung des Paschalammes: Mk 14,12) und verschiedentlich aramäische Ausdrücke ins Griechische übersetzt (Mk 5,41; 7,11 und 34; 10,46; 14,36; 15,22 und 34).

Ebenso wie das Markus- stammt auch das *Matthäusevangelium* von einem anonymen Autor. Der bringt sein Werk in den Jahren zwischen 80 und 85 zu Pergament. Erst um die Wende zum 2. Jahrhundert wird es mit dem Apostel Matthäus (Mt 9,9 und 10,3) in Verbindung gebracht. Etwa gleichzeitig erfolgt die Gleichsetzung des Zöllners Levi (Mk 2,14 und Lk 5,7–28) mit dem Apostel Matthäus.

Im Gegensatz zu Markus bemüßigt sich der Verfasser nicht, jüdische Gebräuche zu erklären oder hebräische Ausdrücke zu übersetzen (Mt 5,22; 10,25; 27,6).

Dass er nicht mit dem Apostel Matthäus/Levi identisch und deshalb kein Augenzeuge ist, zeigt sich vor allem daran, dass er fast ausschließlich unterschiedliche ihm vorliegende Quellen verarbeitet. So bedient er sich fast des ganzen Markusevangeliums; es fehlen bloß rund 60 Verse. Gleichzeitig bezieht er sich auf eine *schriftlich überlieferte* Sammlung von Aussprüchen Jesu, die Markus nicht kannte (und die in der Fachwelt als *Spruchquelle Q* bezeichnet wird). Dazu kommen Texte, die in keinem der drei übrigen Evangelien auftauchen (in Fachkreisen als *Sondergut* bezeichnet).

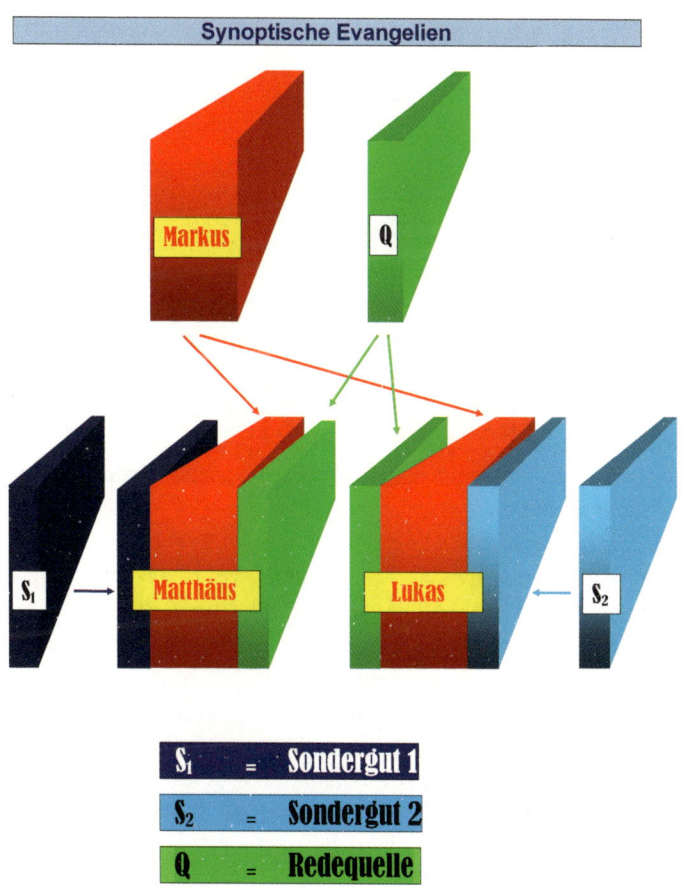

Grafik: I. Casutt © J. Imbach

Unbestritten in der Forschung ist, dass auch *Lukas* Jesus nie begegnet ist. Wie Markus gehörte er nicht zum Zwölferkreis. Obwohl sein Name weder im dritten Evangelium noch in der von ihm verfassten Apostelgeschichte aufscheint, meinte der Kirchenvater und Bischof von Lugdunum in Gallien (heute Lyon), Irenäus, ihn mit dem Paulusbegleiter und Arzt Lukas identifizieren zu können (2 Tim 4,11; Kol 4,14; Phil 24).

Diese Zuschreibung ist schon deshalb problematisch, weil Lukas auf die »*Überlieferung* derer zurückgreift, die von Anfang an Augenzeugen und Diener des Wortes waren« (Lk 1,2 – woraus hervorgeht, dass er kein Augenzeuge war).

Entstanden ist das Lukasevangelium ums Jahr 90. Bei der Niederschrift bediente sich der Verfasser – wenn auch nicht in dem Ausmaß wie Matthäus – des Markusevangeliums und der Redequelle Q. Manche Passagen wie etwa die Gleichnisse vom barmherzigen Samariter, von der verlorenen Drachme, vom verirrten Schaf oder vom verlorenen Sohn, sowie die Episode vom Zöllner Zachäus und von der anonymen Sünderin, die Jesus die Füße salbt, sind lukanisches Sondergut, kommen also nur im Lukasevangelium vor.

Wie verhält es sich mit dem erst nach der ersten Jahrhundertwende entstandenen *Johannesevangelium*?

Einer alten auf Irenäus von Lyon zurückgehenden Ansicht zufolge stammt es vom Apostel Johannes. In Wirklichkeit ist die Frage der Zuordnung so einfach nicht zu beantworten. Das Evangelium lässt durchblicken, dass es angeblich von einem ungenannten Lieblingsjünger Jesu verfasst wurde (Joh 21,24; vgl. 19,35). Dass sich hinter diesem der Zebedäussohn Johannes oder ein anderer Jünger Jesu verbirgt, ist völlig unwahrscheinlich. Die neuere Forschung neigt dazu, die Schrift einem Schüler oder Vertrauten des anonymen Lieblingsjüngers zuzuschreiben. Später scheint der Text von einem anderen Autor aus dem Kreis des Lieblingsjüngers überarbeitet und um das Schluss- oder Nachtragskapitel erweitert worden zu sein. Fest steht, dass auch das vierte Evangelium nicht von einem Augenzeugen stammt (was auch daraus hervorgeht, dass der johanneische Jesus eine ganz andere Sprache spricht als der Jesus der ersten drei Evangelien).

Selbstverständlich werden im Folgenden die Evangelisten auch künftig mit den altvertrauten Namen benannt, auch wenn man nicht wissen kann, wer wirklich dahintersteckt.

Zum Korpus des Neuen Testaments gehören auch *drei Briefe*, die ebenfalls *unter dem Namen des Johannes* überliefert sind. Der Verfasser des ersten gibt sich als Augenzeuge von Jesu Wirken aus, ohne sich aber mit dem Lieblingsjünger im Johannesevangelium zu identifizieren (vgl. Joh 21,24). Was wiederum bedeutet, dass man den Autor nicht kennt. Vermutlich bewegt er sich im Umkreis des unbekannten Verfassers des Johannesevangeliums. Auch die beiden übrigen Johannesbriefe stammen von einem unbekannten Autor.

Gleiches gilt für das (nach der Anordnung) letzte Buch des Neuen Testaments, das unter dem Titel *Apokalypse* oder *Offenbarung des Johannes* bekannt ist. Zwar gibt es keinen Grund, die Namensangabe im Vorwort anzuzweifeln, in dem sich der Verfasser als »Knecht Johannes« vorstellt (Offb 1,1). Allerdings weiss man nichts Genaues über ihn. Eine alte Zuschreibung, die ihn mit dem Verfasser des Johannesevangeliums und dem Verfasser der Johannesbriefe gleichsetzt, erweist sich angesichts der sprachlichen und theologischen Unterschiede als unhaltbar.

Eine gesicherte Autorenschaft lässt sich bezüglich einiger Paulusbriefe einwandfrei nachweisen. Aus seiner Gänsefeder stammen zweifelsfrei der im Jahr 49/50 verfasste erste Thessalonicherbrief (der zugleich das älteste Dokument des Neuen Testaments darstellt), die beiden Korintherbriefe, der Galaterbrief, der Philipperbrief, der Philemonbrief und der Römerbrief.

Bei den übrigen Paulus zugeschriebenen Briefen (Epheser, Kolosser, 1 und 2 Timotheus, Titus) handelt es sich um Texte, die mit Sicherheit nicht vom Völkerapostel stammen. Gleiches gilt auch vom Hebräerbrief, bezüglich dessen paulinischer Autorenschaft schon früh Zweifel bestanden.

Ebenso wenig stammt auch der zweite Petrusbrief von dem in der später hinzugefügten Überschrift genannten Verfasser.

Anders verhält es sich mit dem zweiten Thessalonicherbrief, dem ersten Petrusbrief, dem Jakobusbrief und dem Judasbrief. *Im Gegensatz zu den eben erwähnten Briefen wurden diese den angeblichen Autoren nicht zugeschrieben. Vielmehr brüsten sich die dort genannten Autoren selbst damit, diese Schreiben eigenhändig verfasst zu haben.* Was, darüber ist sich die Forschung längst einig, nachweislich falsch ist.

Ein guter Boden für Verschwörungstheorien?

Der weitaus größte Teil der neutestamentlichen Schriften stammt also nicht von den Autoren, denen sie traditionellerweise zugeordnet werden. Dieser Sachverhalt gab und gibt immer wieder Anlass zu Verschwörungstheorien. Manche behaupten, dass die Kirche mit diesen Zuschreibungen bestimmte Lehren durchsetzen wollte. Andere sprechen von Manipulationen, die dazu dienten, Gegner zu diskriminieren. Etliche mutmaßen, dass bestimmte Texte bewusst unter herausragenden Namen veröffentlicht wurden, um den darin enthaltenen Lehren Nachdruck zu verleihen.

Für einige neutestamentliche Schriften, die absichtlich unter falschen Verfassernamen publiziert wurden, trifft das tatsächlich zu. Wenn ein anonymer Autor ein Werk unter dem Namen eines Apostels veröffentlichte, erhielten seine Ausführungen naturgemäß mehr Gewicht. Obwohl literarische Fälschungen in der Antike allgemein verbreitet waren (die Fachleute sprechen diesbezüglich von Pseudoepigrafie[22]), impliziert das nicht, dass man kein Gespür für geistiges Eigentum hatte. Schon damals galt die bewusste Täuschung der Leserschaft keineswegs als harmlose Sache. Umso erstaunlicher ist, dass ausgerechnet in einem gefälschten Schreiben, nämlich im zweiten Thessalonicherbrief, auf clevere Weise auf solche Methoden hingewiesen wird. Dort warnt der unbekannte Absender, der sich am Schluss des Briefes als Apostel Paulus ausgibt (1 Thess 3,17), seine Leserschaft davor, sich nur ja nicht aus der Fassung bringen zu lassen, »wenn in einem prophetischen Wort oder einer Rede *oder in einem Brief*, wie wir ihn geschrieben haben sollen, behauptet wird, der Tag des Herrn sei schon da« (2 Thess 2,2; vgl. 3,17)! Ganz schön raffiniert das Ganze! Um dem Verdacht entgegenzutreten, dass sein Brief eine Fälschung sei, warnte der unbekannte Autor seine Leserschaft

---

22 Dazu ausführlich: N. Brox, Falsche Verfasserangaben. Zur Erklärung der frühchristlichen Pseudoepigraphie (= Stuttgarter Bibelstudien, Bd. 79), Stuttgart 1975.

vor möglichen unechten Paulusbriefen! Natürlich konnte er nicht wissen, dass sein Brief knapp zwei Jahrtausende später mithilfe von Computerprogrammen auf das paulinische Vokabular hin untersucht und der wortstatistische Befund mit anderen Paulusbriefen verglichen würde.

Allerdings ist der Begriff *Fälschung* in diesem Kontext nicht angemessen; zumindest ist er missverständlich. *Literarkritisch betrachtet* handelt es sich nämlich nicht um ein Werturteil, sondern lediglich um die Feststellung eines Sachverhalts. Nach antiker Auffassung galten Falschzuschreibungen nicht als Falsifikate im heutigen Sinn, vorausgesetzt, dass eine Schrift mit dem Gedankengut des vorgeschobenen Verfassers übereinstimmte. Dabei ging es nicht darum, sich mit fremden Federn zu schmücken, im Gegenteil. Oft geschahen solche Zuschreibungen gerade in der Absicht, einen Text einem bekannten Autor zuzuordnen, von dem er der Sache nach (also nicht wörtlich!) übernommen wurde, oder der den Schreiber dazu inspiriert hatte. Häufig war auch der Wunsch ausschlaggebend, dem eigenen Text eine größere Autorität zu verleihen, indem man einen bekannten Verfasser vorschob.

Bezüglich des 2. Thessalonicherbriefes dürfte gar beides zutreffen. Dass einem solchen Vorgehen nichts Anrüchiges anhaftete, geht aus einer Bemerkung des Kirchenschriftstellers Tertullianus (um 160 bis nach 220) hervor: »Es darf als Werk des Lehrers angesehen werden, was seine Schüler veröffentlicht haben.«[23] Von einer eigentlichen Fälschung kann nach damaligen Kriterien nur dann die Rede sein, wenn der geistige Bezug zu der vorgeschobenen Autorität nicht gewährleistet ist.

Was die christliche Literatur betrifft, galt als eigentliche Autorität nicht irgendein Lehrer oder Gemeindeleiter, sondern die *apostolische Überlieferung*. So überrascht es nicht, dass manche Briefschreiber (deren Schriften heute in etwa mit einem bischöflichen Rundschreiben vergleichbar sind) sich hinter dem Namen

---

23 Tertullianus, Adversus Marcionem IV,5,3, in: Corpus Christianorum, series latina, Bd. 1, Turnhout 1953, 441–726; 551.

eines Apostels verbergen. Unter anderem gilt das für den ersten Brief des »Paulus« an Timotheus. Dort heißt es am Schluss: »Ich schreibe dir das in der Hoffnung, schon bald zu dir zu kommen. Falls ich aber länger ausbleibe, sollst du wissen, wie man sich im Haus Gottes verhalten muss, welches die Kirche des lebendigen Gottes ist, Säule und Fundament der Wahrheit« (1 Tim 3,14–15). Als diese Zeilen geschrieben wurden, war Paulus schon ungefähr ein halbes Jahrhundert tot. Statt Paulus selbst (»Ich hoffe, schon bald zu dir zu kommen ...«) kommt der Brief eines unbekannten Verfassers, der sich im Sinn des Völkerapostels zu kirchlichen und disziplinarischen Fragen äußert.

Wie aber kam es, dass solche *in Bezug auf den Verfasser* nicht authentische Schriften schließlich in die Bibel Eingang fanden? Im vorhergehenden Kapitel wurde diese Frage bereits beantwortet.[24] Was zählte war letztlich *nicht der Autor*, sondern *die Authentizität des Inhalts*. Und *diese* Authentizität sah man garantiert, wenn eine Schrift mit der Apostolischen Tradition übereinstimmte.

Lehramtliche Fehlentscheidungen

Dieses Kriterium wurde von der katholischen Kirche lange Zeit ignoriert. Tatsächlich glaubten die römischen Glaubenswächter zu Beginn des vergangenen Jahrhunderts entgegen allen wissenschaftlich fundierten Erkenntnissen, dass die Autorität der biblischen Bücher nur gewährleistet sei, wenn man an den überlieferten Verfassernamen festhielt.

Diese abwegige Überlegung betraf nicht nur eine Reihe von neutestamentlichen, sondern auch zahlreiche altbundliche Schriften.

So veröffentlichte die päpstliche Bibelkommission (ein von Papst Leo XIII. im Jahr 1902 ins Leben gerufenes Gremium von

---

24 Vgl. oben das Kapitel *Menschenwort oder Gottesrede? oder Wie erbauliche Bücher zu Heiligen Schriften wurden.*

»Experten«) eine ganze Reihe von Verlautbarungen[25], in denen unter anderem behauptet wurde,
- dass Mose der Verfasser des Pentateuchs sei (3395);
- dass die ersten drei Kapitel des Buches Genesis als Tatsachenbericht zu verstehen seien (3513);
- dass das Jesajabuch auf einen einzigen Propheten zurückgehe (3508);
- dass die weitaus meisten Psalmen von David stammten (3524);
- dass die Apostel Johannes und Matthäus die Autoren der nach ihnen benannten Evangelien seien (3398 und 3561);
- dass der Schluss des Markusevangeliums (Mk 16,9–20) auf den Autor dieses Evangeliums zurückgehe (3569) …

In den Einleitungen und Anmerkungen zu den einzelnen biblischen Büchern in der im Auftrag der Bischöfe 2016 herausgegebenen Einheitsübersetzung liest sich das alles allerdings ganz anders. Kurzum, sämtliche der oben genannten Thesen haben sich angesichts der bibelwissenschaftlichen Forschung als falsch erwiesen.

Gelegentlich wurde versucht, diese Fehlentscheidungen der päpstlichen Bibelkommission als pastorale Vorsichtsmaßnahmen zu verharmlosen. In Wirklichkeit aber handelt es sich um offensichtliche *Irrtümer des kirchlichen Lehramts*; denn Pius X. bestimmte 1907, dass den Entscheidungen der Bibelkommission die gleiche Autorität zukomme wie anderen vom Papst approbierten Lehräußerungen (3503).

Außerdem handelte es sich um gravierende Kompetenzüberschreitungen. Der Zuständigkeitsbereich des Lehramtes beschränkt sich auf *Glaubens- und Sittenfragen*. Was jedoch die

---

25 Für jene, welche die Richtigkeit der folgenden Behauptungen anzweifeln, sind im Anschluss an die einzelnen Fehlentscheidungen die entsprechenden Randnummern im folgenden Standardwerk angegeben: H. Denzinger, Kompendium der Glaubensbekenntnisse und kirchlichen Lehrentscheidungen. Verbessert, erweitert und ins Deutsche übertragen und unter Mitarbeit von H. Hoping hg. von P. Hünermann, Freiburg i. Br. Basel Rom Wien, [37]1991.

Entstehung und die literarischen Gattungen biblischer Bücher und deren Verfasserschaft betrifft, handelt es sich um *literaturwissenschaftliche Fragenkomplexe*, für welche die wissenschaftliche Forschung, auf keinen Fall aber das kirchliche Lehramt zuständig ist.

Die erwähnten Beurteilungen und die damit verbundenen Verurteilungen der päpstlichen Bibelkommission hatten zur Folge, dass die katholische Exegese im Vergleich zu den von den Kirchen der Reformation gepflegten Bibelwissenschaften kaum mehr Bedeutung hatte. Wissenschaftlich kompetenten Fachleuten, die es gewagt hätten, den hanebüchenen Schiedssprüchen der römischen Bibelkommission zu widersprechen, wäre die kirchliche Lehrerlaubnis umgehend entzogen worden. Was schließlich dazu führte, dass katholische Exegeten (Exegetinnen gab es damals noch keine) sich auf sekundäre Fragen beschränkten. Unter anderem wurde da diskutiert, ob es sich beim Weinwunder in Kana um Rot- oder Weißwein gehandelt habe. Oder welche Hautfarbe die Magier hatten, die aus dem Osten nach Betlehem pilgerten.

Erst seit der von Papst Pius XII. am 30. September 1943 publizierten Bibelenzyklika *Divino afflante Spiritu* (*Durch Eingebung göttlichen Geistes*) hatten die katholischen Exegeten die Möglichkeit, sich zu biblischen Fragen etwas freier (und auf wissenschaftlich akzeptable Weise) zu äußern. Die von Pius XII. einen Spaltbreit aufgestoßene Tür wurde seit dem Zweiten Vatikanischen Konzil sperrangelweit geöffnet, sodass inzwischen die Unterschiede zwischen katholischer und nichtkatholischer Forschungstätigkeit kaum mehr eine Rolle spielen.

Wie zuverlässig sind die Evangelien?

Wenn keiner der neutestamentlichen Autoren Augenzeuge des Wirkens Jesu war, stellt sich die Frage, was wir überhaupt sagen können über den Mann, der zu Beginn unserer (nach ihm datierten) Zeitrechnung rund dreißig Jahre in Palästina lebte. Eigentlich also nicht sehr viel.

Zunächst muss man sich vor Augen halten, dass es unmöglich ist, eine Biografie Jesu zu schreiben. Über den weitaus größten Teil seines Lebens berichten die Evangelien nichts. Matthäus und Lukas schicken gerade ein paar legendäre Episoden aus seiner Kindheit voraus. Die rund drei Jahrzehnte bis zu Jesu öffentlichem Auftreten werden wohl für immer im Dunkel der Geschichte bleiben.

Selbst in Bezug auf sein öffentliches Leben ergeben sich aus dem Vergleich zwischen den einzelnen Darstellungen Divergenzen nicht unerheblicher Art. Wenn man den Synoptikern folgt, muss man mit einem Zeitraum von einem bis anderthalb Jahren rechnen (bei ihnen ist nur von einem einzigen Passahfest die Rede, das Jesus in Jerusalem feiert). Dem Johannesevangelium zufolge hingegen dauert seine Wirksamkeit (entsprechend der dreimaligen Reise zum Osterfest nach Jerusalem) zweieinhalb bis drei Jahre.

Unterschiede bestehen auch bezüglich der dargestellten Ereignisse. Bei Markus findet sich nichts über Jesu Geburt und Kindheit. Allein Matthäus berichtet von einer Huldigung der Magier, vom Kindermord, von der Flucht nach Ägypten und der Rückkehr der Heiligen Familie in die Heimat. Lukas überliefert wichtige Gleichnisse (u. a. jene vom verlorenen Sohn, vom gerissenen Verwalter, vom reichen Mann und vom armen Lazarus), die den anderen Evangelisten unbekannt sind. Nach Johannes beschließt der Hohe Rat, Jesus umzubringen, nachdem er die Kunde von der Auferweckung des Lazarus erhalten hat (Joh 11,47–53). Wenn aber diese Totenerweckung den Ausschlag gab für die Entscheidung, Jesus zu töten, ist es zumindest befremdlich, dass die anderen drei Evangelisten davon nichts wissen.

Die Unterschiede zwischen den Evangelien betreffen aber nicht nur manche Vorkommnisse, sondern das Jesusbild selbst.

Im Markusevangelium tritt Jesus vor allem als Wundertäter in Erscheinung. Matthäus sieht in ihm eher den Lehrer, in dem sich die alttestamentlichen Verheißungen erfüllen. Lukas unterstreicht weit mehr als seine Kollegen Jesu Barmherzigkeit und seinen Ein-

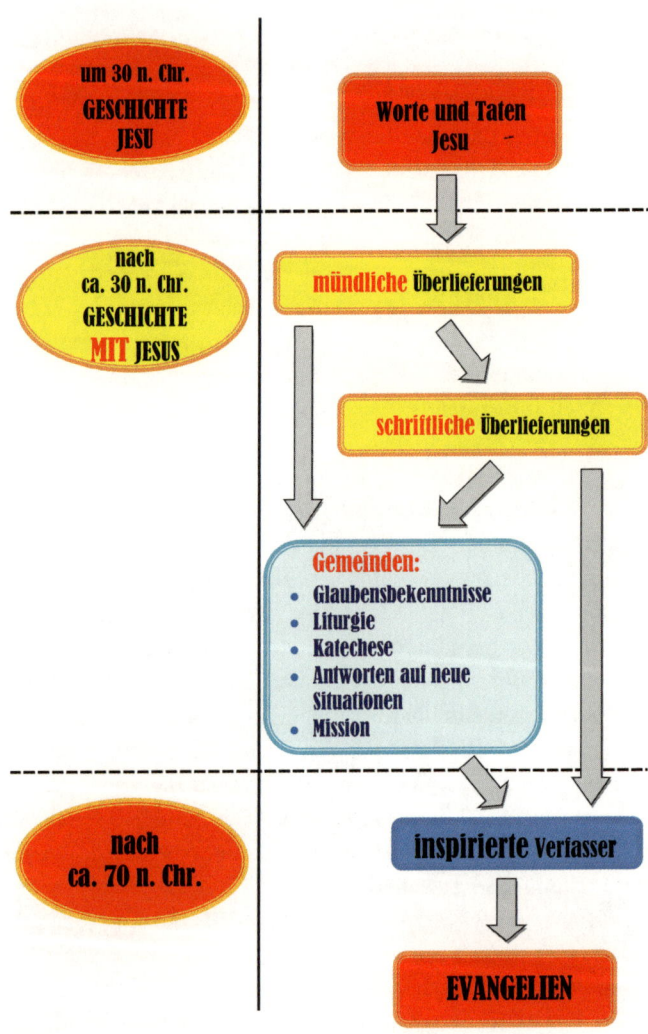

Grafik: I. Casutt © J. Imbach

satz für die Armen. Johannes schildert ihn als den Offenbarer und betont seine Einheit mit dem »Vater«.

Früher hat man versucht, diese Unterschiede mittels der Ergänzungstheorie zu erklären. Die Evangelisten hätten einander – der Begriff sagt es – ergänzen wollen. Das ist völlig unwahrscheinlich. Ob und in welchem Ausmaß der Verfasser des Johannesevangeliums eines oder zwei oder gar alle drei synoptischen Evangelien gekannt und benutzt hat, ist bis heute nicht geklärt. Lukas und Matthäus wiederum haben für ihre Schriften zwar das Markusevangelium als Vorlage benutzt, ihre Darstellungen jedoch unabhängig voneinander verfasst.

Das Problem ist viel überzeugender zu lösen, wenn man sich daran erinnert, dass alle Ereignisse um Jesus eine lange mündliche Weitergabe (die Fachleute sprechen diesbezüglich von *Traditionsgeschichte*) hinter sich hatten, bevor sie aufgezeichnet wurden. Dabei ist zu bedenken, dass vorerst nur einzelne Texteinheiten schriftlich festgehalten wurden. Zur Traditionsgeschichte kommt die *Redaktionsgeschichte*. Das heißt, die Verfasser der Evangelien verarbeiteten das mündliche und zum Teil bereits schriftlich vorliegende Material zu einem Ganzen. Dabei zeigten sie sich aber nicht nur an der Geschichte Jesu interessiert, sondern auch – und vor allem! – an der Geschichte mit Jesus. Das heißt, an den Erfahrungen, die sie und die jungen Christengemeinden aufgrund ihres Glaubens an Jesus Christus gemacht hatten.

Wenn man sich diesen ganzen Traditions- und Redaktionsprozess vergegenwärtigt, kann man leicht verstehen, dass viele Worte und Taten Jesu nicht mehr in ihrem ursprünglichen Zusammenhang erzählt werden.

So sagt Markus etwa, dass Jesus die Schwiegermutter des Petrus heilte, nachdem er zuvor in der Synagoge gepredigt hatte (Mk 1,29–31), während diese Heilung bei Matthäus nach der Begegnung mit dem Hauptmann von Kafarnaum erfolgt (Mt 8,14–15).

Deutlicher noch lassen sich die Auswirkungen des traditions- und redaktionsgeschichtlichen Prozesses anhand größerer Texteinheiten verifizieren. Als Beispiel dienen hierzu die beiden

Versionen des Gleichnisses vom Festmahl, das von Matthäus und Lukas überliefert wird:

Matthäus 22,1–10	Lukas 14,15–24
Jesus erzählte ein anderes Gleichnis: **Mit dem Himmelreich ist es wie mit einem König, der seinem Sohn die Hochzeit ausrichtete.** Er schickte seine Diener, um die eingeladenen Gäste zur Hochzeit rufen zu lassen. Sie aber wollten nicht kommen.	Jesus sagte: **Ein Mann** veranstaltete ein **großes Festmahl** und lud viele dazu ein. Zur Stunde des Festmahls schickte er seinen Diener aus und ließ denen, die er eingeladen hatte, sagen: Kommt, alles ist bereit! Aber alle fingen an, einer nach dem anderen, sich zu entschuldigen.
Da schickte er noch einmal Diener und trug ihnen auf: Sagt den Eingeladenen: Siehe, mein Mahl ist fertig, meine Ochsen und das Mastvieh sind geschlachtet, alles ist bereit. Kommt zur Hochzeit! Sie aber kümmerten sich nicht darum, sondern der eine ging auf seinen Acker, der andere in seinen Laden, wieder andere fielen über seine Diener her, misshandelten sie und brachten sie um.	
	Der erste ließ ihm sagen: Ich habe einen Acker gekauft und muss dringend gehen und ihn besichtigen. Bitte, entschuldige mich! Ein anderer sagte: Ich habe fünf Ochsengespanne gekauft und bin auf dem Weg, um sie zu prüfen. Bitte, entschuldige mich! Wieder ein anderer sagte: Ich habe geheiratet und kann deshalb nicht kommen. Der Diener kehrte zurück und berich-

Da wurde **der König** zornig; er schickte sein Heer, ließ die Mörder töten und ihre Stadt in Schutt und Asche legen. **Dann sagte er zu seinen Dienern:** Das Hochzeitsmahl ist vorbereitet, aber die Gäste waren nicht würdig. Geht also an die Kreuzungen der Straßen und **ladet alle, die ihr trefft, zur Hochzeit ein!** Die Diener gingen auf die Straßen hinaus und holten alle zusammen, die sie trafen, Böse und Gute, und der Festsaal füllte sich mit Gästen.

Als sie sich gesetzt hatten und der König eintrat, um sich die Gäste anzusehen, bemerkte er unter ihnen einen Mann, der kein Hochzeitsgewand anhatte. Er sagte zu ihm: Mein Freund, wie konntest du hier ohne Hochzeitsgewand erscheinen? Darauf wusste der Mann nichts zu sagen. Da befahl der König seinen Dienern: Bindet ihm Hände und Füße, und werft ihn hinaus in die äußerste Finsternis! Dort wird er heulen und mit den Zähnen knirschen.

tete dies seinem Herrn. Da wurde **der Hausherr** zornig

und sagte zu seinem Diener:

Geh schnell hinaus auf die Straßen und Gassen der Stadt und hol **die Armen und die Krüppel, die Blinden und die Lahmen** hierher! Und der Diener meldete: Herr, dein Auftrag ist ausgeführt; und es ist immer noch Platz. Da sagte der Herr zu dem Diener: Geh zu den Wegen und Zäunen und nötige die Leute hereinzukommen, damit mein Haus voll wird. Denn ich sage euch: Keiner von denen, die eingeladen waren, wird an meinem Mahl teilnehmen.

Die zwei verschiedenen Fassungen lassen erkennen, dass ihnen die gleiche Geschichte zugrunde liegt. Gleichzeitig aber ist ersichtlich, dass das von Jesus erzählte Gleichnis im Lauf der Zeit und durch redaktionelle Überarbeitung Veränderungen erfahren hat.

Matthäus bezieht das Gleichnis auf die frühkirchliche Situation. Der König steht für Gott, der Sohn für Jesus, und mit der Hochzeit ist das Kommen des Messias gemeint. Geladen ist das Volk Israel. Ein erster Hinweis, dass das Gleichnis in *dieser* Form erst Jahre nach Jesu Tod und der Auferstehung erzählt wurde, ist damit gegeben, dass die »Mörder« getötet sind und die Stadt in »Schutt und Asche« gelegt wird. Das bezieht sich auf die Eroberung Jerusalems durch die Römer im Jahr 70. Mit den »Dienern« des Königs, die misshandelt und umgebracht werden, sind die Jünger Jesu gemeint, die in Israel auf Ablehnung stoßen und ihre Mission deshalb auf die Heiden (»alle, die ihr trefft«) ausdehnen. Das Gleichnis stellt also eine *theologische Rechtfertigung* des Weges der jungen Kirche dar, der von den Juden zu den Heiden führte. Zur Zeit der endgültigen Ausformung dieses Gleichnisses sah sich die Kirche bereits mit der Tatsache konfrontiert, dass sich unter den Gläubigen auch Lauheit und Gleichgültigkeit bemerkbar machten. Darauf weist der Schluss der Geschichte hin (Gast ohne Hochzeitsgewand).

Lukas setzt die Akzente anders. Er zeigt sich vorwiegend am sozialen Verhalten der Christengemeinden interessiert. Das geht aus der Einleitung hervor, die er Jesus in den Mund legt:

> Wenn du mittags oder abends ein Essen gibst, lade nicht deine Freunde oder deine Brüder, deine Verwandten oder reiche Nachbarn ein; sonst laden auch sie dich wieder ein und dir ist es vergolten. Nein, wenn du ein Essen gibst, dann lade Arme, Krüppel, Lahme und Blinde ein. Du wirst selig sein, denn sie haben nichts, um es dir zu vergelten; es wird dir vergolten werden bei der Auferstehung der Gerechten (Lk 14,12–14).

Das Gleichnis, das nun folgt, wird so zu einer Beispielgeschichte vom rechten Verhalten gegenüber den Notleidenden.

Wie aber hat Jesus diese Geschichte erzählt – und verstanden? Um diese Frage zu beantworten, kann man vergleichen, was beiden Versionen gemeinsam ist. Auf diese Weise lassen sich Erweiterungen durch Tradition und redaktionelle Eingriffe am leichtesten feststellen.

Als Grundbestand bleibt: Ein Mann veranstaltet ein Festmahl. Die Geladenen leisten der Einladung keine Folge. Daraufhin lässt der Hausherr von der Straße weg all jene einladen, die er gerade erreichen kann. Im Klartext bedeutet das: Jesus ist der Bote, der Gottes Einladung ausspricht. Aber die politischen Führer und religiösen Eliten Israels leisten ihr keine Folge. Also wendet sich Jesus an alle, die in der damaligen Gesellschaft als von Gott verstoßen betrachtet wurden, weil sie – schon allein wegen ihrer Unwissenheit – die Gesetzesvorschriften nicht beachten konnten, nämlich die Armen, die Randexistenzen, die Sünderinnen ... Sie nehmen Gottes Einladung dankbar an.

Das Beispiel zeigt uns: Die Evangelisten überliefern Jesu Worte nicht wörtlich, sondern aktualisieren Jesu Botschaft im Hinblick auf die Situation ihrer *jeweiligen* Leserschaft. Nicht uns Heutige, sondern einen ganz bestimmten Personenkreis haben sie bei der Niederschrift vor Augen. Ähnliches gilt für die Schilderung von Jesu Taten.

Die Hauptabsicht der Evangelisten zielt darauf, unter ihren Landsleuten den Glauben an Jesus als den Christus, den Messias, zu verbreiten. Die Evangelien sind also im besten Sinn des Wortes Propagandaschriften. Sie wollen zu Jesus als dem Messias hinführen, seine Sache bekannt machen und gleichzeitig zur Nachfolge aufrufen. Diese Absicht wirkt sich auf die Darstellung aus. Es handelt sich nicht um nüchterne Protokolle, sondern um *Glaubenszeugnisse*.

Dazu kommt ein Weiteres.

Die Evangelisten, die mit ihren Schriften andere zum Glauben motivieren wollen, bedienen sich dabei ganz bestimmter literarischer Formen und Gattungen, die wir heute nur noch teilweise kennen, sodass wir manche Darstellungen, die »ganz anders« gemeint sind, aus Unkenntnis schlicht für Tatsachenberichte halten.

Die damit verbundene Problematik wird im folgenden Kapitel behandelt.

Ein Blick in die Werkstatt der Schriftgelehrten
oder
Die Bedeutung literarischer Formen und Gattungen

Im alttestamentlichen Buch Josua wird erzählt, wie das Volk Israel in der Nähe der Stadt Gibeon fünf Amoriterkönige besiegt. Ausdrücklich weist der Berichterstatter darauf hin, dass die Sonne damals so lange stehen blieb, bis die Israeliten an ihren Feinden Rache genommen hatten.

> Damals redete Josua zum Herrn, am Tag, da der Herr die Amoriter den Israeliten preisgab, und sprach vor den Augen Israels:
>
> Sonne, bleib stehen über Gibeon
> und du, Mond, über dem Tal von Ajalon!
> Und die Sonne blieb stehen
> und der Mond stand still,
> bis das Volk an seinen Feinden Rache genommen hatte.
> Steht das nicht geschrieben im Buch des Aufrechten? (Jos 10,12–13).

Heute wissen wir, dass das *Buch des Aufrechten* eine verloren gegangene Liedersammlung beinhaltete, die auch im zweiten Samuelbuch (2 Sam 1,18) erwähnt wird.

Allerdings hat das im *Buch des Aufrechten* beschriebene, von Josua gepriesene Sonnenwunder nie stattgefunden. Bei dem besagten Text handelt es sich nämlich um einen *Hymnus*, der in dichterischer Sprache Gottes Macht und Größe preist.

Offensichtlich rechnete schon der Verfasser des Buches Josua mit den Zweifeln seiner Landsleute. Weshalb er sich gezwungen sah, seiner Darstellung noch eins draufzusetzen:

Die Sonne blieb mitten am Himmel stehen und beeilte sich nicht, unterzugehen, ungefähr einen ganzen Tag lang. Nie hat es einen Tag gegeben wie diesen, an dem der Herr auf die Stimme eines Menschen gehört hätte; der Herr kämpfte nämlich für Israel (Jos 10,14).

Diesen Einschub hätte sich der Verfasser ersparen können, wenn er etwas eingehender über die literarische Gattung seiner Quelle nachgedacht hätte. Zweifellos verwechselte er den *Hymnus* über die Eroberung von Jericho mit einem *Tatsachenbericht*.

Hymnen, das liegt in der Natur der Sache, übertreiben, glorifizieren, idealisieren, verherrlichen oder verklären (und dies in der Regel maßlos) – nämlich die Heimat, eine freiheitliche Idee, eine Herrschergestalt ...

Wer bei der Lektüre von Schillers *Ode an die Freude* (»Freude schöner Götterfunke, Tochter aus Elysium«) fragen würde, weshalb die Freude ausgerechnet aus Elysium und nicht aus Arkadien stamme, wäre sich des Gelächters der Umstehenden sicher.[26]

Nichts zu lachen hatte Galileo Galilei, als die Inquisition ihm im römischen Dominikanerkloster Santa Maria sopra Minerva den Prozess machte. Dabei spielte unter anderem auch der besagte Passus aus dem Buch Josua eine Rolle.

Zeigten sich die christlichen Theologen bis zu Beginn des 16. Jahrhunderts fast ausschließlich an den Regionen interessiert, die ihrer Ansicht nach über oder hinter den Sternen lagen, schenkten die Wissenschaftler unter ihnen spätestens seit Nikolaus Kopernikus (1473–1543) den Gestirnen vermehrt Beachtung. Der nämlich vertrat die für seine Zeitgenossen befremdliche Ansicht,

---

26 Elysium ist in der griechischen Mythologie jene »Insel der Seligen« (μακάρων νῆσος/makaron nesos) im äußersten Westen des Erdkreises, die vom Okeanos umflossen wird. Auf diese »Elysischen Gefilde« werden jene Helden entrückt, die von den Göttern geliebt wurden oder denen sie Unsterblichkeit schenkten. – Spätere Dichter, wie auch Vergil, verlegten das Elysion in denjenigen Teil der Unterwelt, in den die von den Totenrichtern für würdig befundenen Frommen und Gerechten einzogen. Diese Unterwelt war somit nicht mehr Teil der Inseln der Seligen.

dass das Universum sich nicht um die Erde und um die Menschen drehe, sondern dass die Sonne den Mittelpunkt des Weltalls bilde. Als einer der Ersten bekam Galileo Galilei (1564–1642) die Folgen dieser für die Gottesgelehrten etwas ungewöhnlichen Beschäftigung mit dem Lauf der Gestirne zu spüren.

Am Morgen des 26. Februar 1616 wird der berühmte Mathematiker, Naturwissenschaftler und Astronom von dem nicht minder angesehenen Kardinal Roberto Bellarmino und dessen wissenschaftlich nicht uninteressierten Kollegen Maffeo Barberini und späteren Papst Urban VIII. in der Stanza del Paradiso des Vatikanpalasts zu einem Gespräch empfangen. Die beiden fassen sich kurz; sie weisen Galilei darauf hin, dass die neue Lehre, nach der die Erde um die Sonne kreise, im Widerspruch stehe zur Heiligen Schrift, genauer noch, zu jenem Passus im Buch Josua, wo davon die Rede ist, dass die Sonne in ihrer Bewegung innehielt. Bertolt Brecht hat den Gedankenaustausch, der an jenem denkwürdigen Tag zwischen Galilei und den beiden Kardinälen stattfand, in seinem Stück *Leben des Galilei* zu rekonstruieren versucht.

Bellarmino (zu Galilei): Sie beschuldigen das höchste Wesen, es sei sich im Unklaren darüber, wie die Welt der Gestirne sich bewegt, worüber Sie sich im Klaren sind. Ist das weise?

Galilei: Ich bin ein gläubiger Sohn der Kirche …

Barberini: Es ist entsetzlich mit ihm. Er will in aller Unschuld Gott die dicksten Schnitzer in der Astronomie nachweisen! Wie, hat Gott nicht sorgfältig genug Astronomie studiert, bevor er die Heilige Schrift verfasste? *Lieber* Freund!

Galilei: Schließlich kann der Mensch nicht nur die Bewegungen der Gestirne falsch auffassen, sondern auch die Bibel!

Bellarmino: Aber wie die Bibel aufzufassen ist, darüber haben ausschließlich die Theologen der heiligen Kirche zu befinden, nicht?

Galilei: Die Winkelsumme im Dreieck kann nicht nach den Bedürfnissen der Kurie abgeändert werden.[27]

Der Naturwissenschaftler beruft sich auf seine Experimente. Die Theologen pochen auf die Bibel, wo es heißt, dass die Sonne einstmals so lange stehen blieb, bis die Israeliten an ihren Feinden Rache genommen hatten. Wie kann man also behaupten, dass sich die Erde um die Sonne dreht?! Angesichts einer derart unerhörten, weil angeblich im Widerspruch zur Heiligen Schrift stehenden Auffassung, sah sich die Inquisition genötigt einzuschreiten. Schließlich stellt, wer auch nur eine einzige in der Bibel verankerte Wahrheit leugnet, grundsätzlich den ganzen Glauben infrage, indem er oder sie sich dadurch zum Maßstab dessen macht, was glaubwürdig ist. Damals erkannten die Schriftgelehrten noch nicht, dass die Bibel nicht lehrt, wie der Himmel geht, sondern wie man zum Himmel geht.

Es ist dies nur *ein* Beispiel dafür, in welche Sackgassen man gerät, wenn man biblische Texte eins zu eins, will sagen in Unkenntnis der literarischen Formen und Gattungen (und ohne Berücksichtigung des jeweiligen soziokulturellen Kontextes) übernimmt und für wahr hält.

Alltägliche Ausdrucksformen

Wenn man in einem älteren Kochbuch blättert, stößt man auf fast jeder Seite auf die gleichen zwei Wörter »Man nehme …« und alle wissen, dass das keine Anstiftung zum Diebstahl ist, sondern der Beginn eines Rezepts. Eine junge Frau, die ihrem Verlobten einen Liebesbrief schreibt, wird sicher nicht zuerst den Betreff ihres Schreibens anführen (Unsere Beziehung). Werden Personen in einer Versammlung mit »Liebe Brüder und Schwestern im Herrn!« angeredet, ist auch den zufällig Anwesenden klar, dass

---

27 B. Brecht, Leben des Galilei (edition suhrkamp Bd. 1), Frankfurt a. M. 1976, 78.

sie sich nicht im Sitzungssaal einer politischen Partei, sondern in einer Kirche befinden.

Bei all diesen Beispielen handelt es sich um Ausdrucksformen, die wir einordnen, weil sie uns vertraut sind. So hören die meisten, wenn die Bürokollegin sie am Morgen mit einem »Gutentagwiegehts« begrüßt, kein Fragezeichen heraus, sondern interpretieren den Gruß als quasirituelle Kontaktaufnahme, sagen »Dankegut« und hüten sich davor, das Gegenüber mit allzu Persönlichem zu behelligen.

Feststehende Ausdrucksformen gibt es auch im Bereich der Literatur: Ein Roman ist keine Hymne. Von einem Essay erwartet niemand poetische Ergüsse, wie sie vielleicht in einem Liebesgedicht vorkommen. Selbstverständlich ist auch, dass sich nicht jede literarische Form für jedes beliebige Thema eignet. Einen Sonnenuntergang kann man schlecht zu einem Roman verarbeiten. Wer eine Biografie in die Hand nimmt, hofft auf die Darstellung möglichst vieler Fakten und allenfalls deren Deutung durch den Verfasser. Handelt es sich um einen biografischen Roman, hat der Erzähler oder die Autorin bedeutend mehr Freiheit. Dass Legenden keine Tatsachenberichte sind, versteht sich von selbst, jedenfalls seit man die Kindheit hinter sich gelassen hat. Wer zu einem Manifest greift, nimmt nicht an, dass der Stil einem Schlummerlied ähnelt, sondern weiß, dass jedes Wort etwas bewirken will.

Man kann ein Thema auch auf sehr unterschiedliche Arten behandeln. Wenn ein Theologe einen Traktat über die Gottesfrage schreibt, wird er diesen Teil der Glaubenslehre systematisch darstellen. Am unteren Rand der Seite finden sich dann wohl einige Fußnoten und Querverweise. Die Pfarrerin hingegen, die über die Gottesfrage eine Predigt hält, möchte die Kirchgänger im Glauben bestärken. Nicht eine rein sachliche Darstellung, sondern Argumentation und Rhetorik werden hier im Vordergrund stehen. Der Soziologe wiederum wird nüchterne Statistiken bevorzugen und diese analysieren.

All das zeigt: Die literarische Form oder Gattung wird einerseits bestimmt von dem zu behandelnden Thema, und andererseits von der Aussageabsicht des Verfassers. Für Leser oder Zuhörerinnen bedeutet das, dass sie die verschiedenen literarischen Formen und Gattungen kennen müssen, um das Gesagte zu verstehen.

Was für (vorgetragene oder geschriebene) Texte ganz allgemein zutrifft, gilt natürlich auch für die Bibel, in der sich die verschiedensten literarischen Formen und Gattungen finden: Geschichtsbücher, Sprichwortsammlungen, Gesetzestexte, Lieder, Briefe, Hymnen, Gebete, Lehrschriften, Evangelien, prophetische Texte, Offenbarungsschriften, Wundergeschichten, Berufungserzählungen, Entrückungsgeschichten, Sagen, Gleichnisse …

In der Exegese bezeichnet man jenen Sektor, der sich mit den literarischen Formen und Gattungen befasst, als Formkritik. Dabei versteht man unter *Gattung* die übergreifende literarische Form, unter *Form* aber eine Texteinheit, die der Gattung untergeordnet ist. So sind beispielsweise in der literarischen Gattung *Evangelium* ganz unterschiedliche literarische Formen enthalten: Gleichnisse, Parabeln, Genealogien, Wundergeschichten, Gebete …

In der Vergangenheit hat man der Vielfalt der literarischen Formen und Gattungen in der Bibel kaum Rechnung getragen. Meist teilte man die biblischen Bücher in drei Gruppen auf: Prophetische Bücher, Lehrbücher und Geschichtsbücher, wobei im durchschnittlichen Bewusstsein diesen Letzteren ein besonderes Gewicht zukam. Das wiederum führte dazu, dass man von der Heiligen Schrift schlicht und einfach als von der *Biblischen Geschichte* sprach. Wobei man meist stillschweigend davon ausging, dass die Maßstäbe der heutigen Geschichtsschreibung auch für die in der Bibel enthaltenen historischen Erzählungen gelten würden.

Im Gegensatz zur heutigen Geschichtsschreibung aber, die vor allem Fakten vermitteln, Tatsachen interpretieren und kausale Zusammenhänge aufzeigen will, spiegelt sich in der alttestamentlichen Historiografie eine große Erzählfreude wider. Epos und Heldensage spielen in ihr eine ebenso wichtige Rolle wie volkstümliche Überlieferungen und poetische Elemente. Was bedeutet, dass sich die meisten in den geschichtlichen Büchern (Josua, Richter, 1 und 2 Samuel, 1 und 2 Könige, 1 und 2 Chronik, Esra,

Nehemia, 1 und 2 Makkabäer) beschriebenen Episoden keineswegs in der geschilderten Weise zugetragen haben.

Wichtige literarische Gattungen der Bibel sind außerdem auch die *Lehrschriften*. Dabei handelt es sich um Beispielerzählungen. Früher wurde diese Gattung entweder den Geschichtsbüchern oder den prophetischen Büchern zugeordnet, was einer unangemessenen Deutung geradezu Vorschub leistete.

Zu diesen Lehrerzählungen gehören die alttestamentlichen Bücher Rut, Tobit, Judit, Ester, Ijob und Jona. Sie lehnen sich entweder nur zum Teil oder gar nicht an historische Ereignisse an. Sie wollen nicht darstellen was war, sondern zeigen, wie der Mensch sich in bestimmten Situationen verhalten soll.

Ein Mann namens Ijob beispielsweise hat in der erzählten Form nie gelebt. Und dennoch ist das, was in diesem Buch geschildert wird, wirklichkeitsbezogener als jeder Tatsachenbericht, weil sich darin die Erfahrungen, die Menschen über die Jahrhunderte hin im Umgang mit dem Leiden gesammelt haben, erzählerisch verdichtet wiederfinden. Weil das Buch Ijob verschiedene Schichten aufweist, kann die Reflexion, die diesen Erfahrungen zugrunde liegt, entwicklungsgeschichtlich zurückverfolgt werden. Die Verfasser dieser Lehrschrift machen sich Gedanken darüber, warum auch Unschuldige leiden müssen, und ob und wie diese Leiden mit Gottes Gerechtigkeit vereinbar sein sollen. Nur am Rand sei vermerkt, dass man die diesbezüglichen Überlegungen in ihrer ganzen Tragweite nur verstehen kann, wenn man bedenkt, dass der Auferstehungsglaube und damit der Glaube an eine jenseitige Gerechtigkeit in Israel zur Zeit der Entstehung des Buches Ijob noch nicht verbreitet war. Entsprechende Ansichten setzten sich erst rund 350 Jahre später durch, nämlich um die Mitte des 2. vorchristlichen Jahrhunderts.

Ähnliches wie für die Lehrschriften gilt für die *Gleichnisse Jesu*, deren Wahrheitsgehalt nicht auf der historischen, sondern auf der moralisch-theologischen Ebene anzusetzen ist.

Halten wir also fest: Wenn man sagt, die Bibel sei wahr, heißt das nicht, dass sie ausschließlich Tatsachen überliefert, oder dass alles, was dargestellt ist, historischer Kritik standhält. Oft zählt (wie bei den Gleichnissen) *nicht die historische, sondern die theologische Wahrheit, der moralische Appell oder die existenzielle Dimension.* Selbst wenn historische Fakten überliefert werden, geschieht das mit einer theologischen Absicht.

Weshalb eine gewisse Kenntnis der in der Bibel enthaltenen literarischen Formen und Gattungen unerlässlich ist, vermögen die folgenden Beispiele zusätzlich zu verdeutlichen.

Offenbarungsrede

Dass Jesus im Johannesevangelium eine völlig andere Sprache spricht als in den drei ersten Evangelien, zeigt sich am deutlichsten bei den Aussagen, die ihn selber betreffen:

- Ich bin das Brot des Lebens; wer zu mir kommt, wird nie mehr hungern (Joh 6,35).
- Ich bin das Licht der Welt. Wer mir nachfolgt, wird nicht in der Finsternis umhergehen (Joh 8,12).
- Ich bin die Tür; wer durch mich hineingeht, wird gerettet werden (Joh 10,9).
- Ich bin die Auferstehung und das Leben. Wer an mich glaubt, wird leben, auch wenn er stirbt (Joh 11,25).
- Ich bin der Weg und die Wahrheit und das Leben; niemand kommt zum Vater außer durch mich (Joh 14,6).

Von diesen einprägsamen Formeln und Bildern findet sich keine Spur in den anderen Evangelien. Dafür gibt es nur eine plausible Erklärung: weil Jesus so nicht geredet hat. Diese Aussprüche wurden ihm vom vierten Evangelisten in den Mund gelegt. Mit den verschiedensten Bildern und Beispielen will er zeigen, wer Jesus ist (z. B. »das Brot des Lebens«) und welche Bedeutung er für die Menschen hat (»Wer zu mir kommt, wird nie mehr hungern.«). Jesus verweist nicht auf eine hinter dem Bildwort stehende Sache, sondern er ist selber diese »Sache« (»Brot«, »Licht«, »Auferstehung« …) und offenbart sich so als Heilbringer. Der Verfasser des

Johannesevangeliums will darlegen, dass Jesus sich zu Lebzeiten als Messias und Sohn Gottes offenbart hat.

Er offenbart sich. Dieses Stichwort verweist auf die literarische Form, nämlich auf die *Offenbarungsrede*, deren sich der vierte Evangelist bedient, um zu zeigen, wer Jesus ist. Eines der schönsten und bekanntesten Beispiele dafür ist die Bildrede vom Fruchtbringen:

> Ich bin der wahre Weinstock und mein Vater ist der Winzer. Jede Rebe an mir, die keine Frucht bringt, schneidet er ab und jede Rebe, die Frucht bringt, reinigt er, damit sie mehr Frucht bringt. Ihr seid schon rein kraft des Wortes, das ich zu euch gesagt habe. Bleibt in mir und ich bleibe in euch. Wie die Rebe aus sich keine Frucht bringen kann, sondern nur, wenn sie am Weinstock bleibt, so auch ihr, wenn ihr nicht in mir bleibt.
>
> Ich bin der Weinstock, ihr seid die Reben. Wer in mir bleibt und in wem ich bleibe, der bringt reiche Frucht; denn getrennt von mir könnt ihr nichts vollbringen. Wer nicht in mir bleibt, wird wie die Rebe weggeworfen und verdorrt. Man sammelt die Reben, wirft sie ins Feuer und sie verbrennen. Wenn ihr in mir bleibt und meine Worte in euch bleiben, dann bittet um alles, was ihr wollt: Ihr werdet es erhalten. Mein Vater wird dadurch verherrlicht, dass ihr reiche Frucht bringt und meine Jünger werdet (Joh 15,1–8).

Hier wird die Botschaft Jesu in der Sprache des vierten Evangelisten dargestellt. Das ergibt sich schon aus der Tatsache, dass im Johannesevangelium Rede- und Erzählstil übereinstimmen. Daraus ergibt sich die Folgerung, dass die Synoptiker bezüglich der Redeweise Jesu der historischen Wirklichkeit näherkommen.

Dass der vierte Evangelist die Botschaft Jesu mit eigenen Worten formuliert, lässt sich auch anhand von Textvergleichen zwischen dem Johannesevangelium und dem 1. Johannesbrief verdeutlichen. Dazu nur ein Beispiel:

Johannesevangelium 3,16–17	1 Johannesbrief 4,9–10
[Jesus spricht:]	[Der Verfasser des Johannesbriefes schreibt:]
Denn	Die Liebe Gottes
Gott hat die Welt so sehr geliebt,	wurde unter uns dadurch offenbart,
dass er seinen einzigen Sohn hingab,	dass Gott seinen einzigen Sohn in die Welt gesandt hat,
damit	damit
jeder, der	wir
an ihn	durch ihn
glaubt, nicht zugrunde geht,	
sondern	
das ewige Leben hat.	leben.
Denn Gott	Die Liebe
hat seinen Sohn nicht in die Welt gesandt,	besteht nicht darin,
damit er die Welt richtet,	dass wir Gott geliebt haben,
sondern damit	sondern dass
die Welt durch ihn gerettet wird	er uns geliebt und seinen Sohn als Sühne für unsere Sünden gesandt hat.

Der Vergleich zeigt, dass der Verfasser des 1. Johannesbriefes im gleichen Stil schreibt, in dem der johanneische Jesus spricht. Die Folgerung ist unausweichlich: Hinter dem Johannesevangelium und dem 1. Johannesbrief steht ein großer Theologe, der Jesus seine Sprechweise in den Mund legt.

Damit ist freilich nicht gesagt, dass der vierte Evangelist Jesu Botschaft *der Sache nach* nicht wahrheitsgetreu wiedergebe. Aber er übersetzt sie in eine seinem damaligen Leserkreis verständliche Sprache, indem er mit den ihm eigenen Ausdrucksmitteln Jesus als den Offenbarer schlechthin darstellt.

Entrückungsgeschichte

Eine weitere literarische Form, die sich sowohl im Alten wie im Neuen Testament findet, ist die *Entrückungsgeschichte*.

In seinem Evangelium beschreibt Lukas – übrigens als Einziger! – die Himmelfahrt Jesu:

> Dann führte er [Jesus] sie [die Elf und die anderen Jünger; vgl. Lk 24,33] hinaus in die Nähe von Betanien. Dort erhob er seine Hände und segnete sie. Und es geschah, während er sie segnete, verließ er sie und wurde zum Himmel emporgehoben. Sie aber fielen vor ihm nieder. Dann kehrten sie in großer Freude nach Jerusalem zurück. Und sie waren immer im Tempel und priesen Gott (Lk 24,50–52).

In der Apostelgeschichte schildert Lukas das gleiche Ereignis noch einmal, allerdings auf eine andere Weise:

> Als er [Jesus] das gesagt hatte, wurde er vor ihren [der Apostel; vgl. Apg 1,1] Augen emporgehoben und eine Wolke nahm ihn auf und entzog ihn ihren Blicken. Während sie unverwandt ihm nach zum Himmel emporschauten, siehe, da standen zwei Männer in weißen Gewändern bei ihnen und sagten: Ihr Männer von Galiläa, was steht ihr da und schaut zum Himmel empor? Dieser Jesus, der von euch fort in den Himmel aufgenommen wurde, wird ebenso wiederkommen, wie ihr ihn habt zum Himmel hingehen sehen. Dann kehrten sie von dem Berg, der Ölberg genannt wird und nur einen Sabbatweg von Jerusalem entfernt ist, nach Jerusalem zurück (Apg 1,9–12).

Die Unterschiede zwischen beiden Darstellungen stechen ins Auge. Dem Evangelientext zufolge geschieht die Himmelfahrt vor den *Elf und den anderen Jüngern* in Betanien, während der Apostelgeschichte gemäß *nur die Apostel* Zeugen dieses Ereignisses sind, das diesmal auf dem Ölberg stattfindet. Im Gegensatz zum Evangelium ist in der Apostelgeschichte *von keiner Segnung* die Rede, dafür aber *von einer Wolke*, die Jesus aufnimmt, und von zwei Männern in weißen Gewändern, welche die Wiederkunft

Jesu ankünden. Der Evangelientext legt nahe, das Ereignis auf den Ostertag festzusetzen (vgl. Lk 24,1.13.33). Die Apostelgeschichte hingegen nennt zwischen Ostern und Himmelfahrt eine Zeitspanne von vierzig Tagen (Apg 1,3). *Gemeinsam* ist beiden Texten, *dass* Jesus in den Himmel entrückt wurde.

Wie kommt Lukas dazu, das gleiche Geschehen auf so unterschiedliche Weise zu erzählen? Dass er beide Darstellungen als miteinander vereinbar erachtet, geht schon daraus hervor, dass beide Schriften demselben Empfänger gewidmet sind, nämlich einem gewissen Theophilus (Lk 1,3; Apg 1,1).

Was die örtlichen Unterschiede betrifft, nahm Lukas wohl irrtümlicherweise an, dass Betanien am Ölberg liege. Der Segen des Auferstandenen drückt den Beistand aus, den dieser den Seinen zuteilwerden lässt. Die Wolke ist im Zusammenhang mit der verheißenen Wiederkunft zu sehen und entspricht einem Jesuswort: »Dann wird man den Menschensohn in einer Wolke kommen sehen, mit großer Kraft und Herrlichkeit« (Lk 21,27). Wenn die Himmelfahrt im Evangelium am Ostertag stattfindet, soll damit gesagt werden, dass *der Auferstandene mit dem Gekreuzigten identisch* ist. In der Apostelgeschichte hingegen erhalten die Apostel seitens des Auferstandenen, der ihnen während vierzig Tagen erscheint, *die Legitimation zur Verkündigung des Gottesreiches*.

Wenn man die beiden Darstellungen historisch versteht, bleiben die Widersprüche bestehen. Aufgehoben werden sie, wenn man sie theologisch interpretiert.

Eine solche theologische Interpretation aber lässt sich nur rechtfertigen, wenn man *nachweisen* kann, dass Lukas beide Male nicht eine historische Begebenheit erzählen, sondern eine theologische Aussage machen wollte.

Der Nachweis ist relativ leicht zu erbringen. Zunächst ist es befremdlich, dass Lukas als Einziger von einer Himmelfahrt Jesu berichtet. Wenn dieses Ereignis wirklich in der beschriebenen Weise stattgefunden hätte, müssten sich bei den anderen Evangelisten zumindest Spuren davon finden. Das aber ist nicht der Fall. Im Zentrum der urchristlichen Verkündigung steht die Auferstehung. Das gilt auch von den Predigten innerhalb der

Apostelgeschichte (vgl. Apg 1,14–36; 4,10–12 u. ö.) und von den Paulusbriefen. Das erlaubt den Schluss, dass die Überlieferung von der Himmelfahrt erst kurz vor der Niederschrift des Lukasevangeliums entstanden ist – oder dass sie sogar auf Lukas selbst zurückgeht.

Welche Vorbilder oder literarische Grundmuster könnte er dafür benutzt haben? In der alttestamentlichen und antiken Literatur gibt es viele Erzählungen, die große Ähnlichkeiten mit der lukanischen Darstellung aufweisen und die als *Entrückungsgeschichten* bezeichnet werden.

Solche Entrückungsgeschichten wurden unter anderem von Alexander dem Großen, von Kaiser Augustus oder vom Wundertäter Apollonius von Tyana und von Romulus, dem Gründer Roms, erzählt. Das Schema, dem solche Erzählungen folgen, lässt sich anhand der Entrückungsgeschichte von Romulus ablesen:

> Als Romulus auf dem Feld eine Volksversammlung abhielt, entstand plötzlich ein Unwetter mit furchtbarem Getöse und Donnerschlägen. Es bedeckte den König mit einer so dichten Wolke, dass es seine Gestalt den Blicken der Volksversammlung entzog. Danach war Romulus nicht mehr auf Erden. Das römische Volk verharrte lange in traurigem Schweigen, wenn es auch den Senatoren, die in nächster Nähe gestanden hatten, glaubte, dass Romulus durch einen Sturmwind in den Himmel entrückt worden sei. Schließlich huldigten alle Romulus als einem Gott.[28]

Entrückungsgeschichten sind auch von alttestamentlichen Gestalten überliefert: von Henoch (Gen 5,24), von Elija (2 Kön 2, Sir 48) oder von Esra (4 Esr 14).

Oft geschieht die Entrückung auf einem Berg, vor einem Kreis von Zeugen. Manchmal ist von einem Sturmwind, von Wolken

---

28 Zit. nach A. Weiser, Die Apostelgeschichte (= Ökumenischer Taschenbuchkommentar zum Neuen Testament 5/1), Gütersloh und Würzburg 1981, 61.

und von überirdischen Wesen die Rede. Am Schluss erfolgt in der Regel eine Bestätigung vom Himmel her.

Die Darstellung des Lukas lehnt sich so eng an dieses Schema an, dass man annehmen muss, es habe ihm als Vorlage gedient.

Ihm kommt es nicht auf eine Beschreibung äußerer Vorgänge an. Vielmehr versucht er auf anschauliche und bildhafte Weise einen unsichtbaren Vorgang – Jesu Hinübergehen von dieser Welt in die Sphäre Gottes – mitzuteilen.

Wundererzählungen

Manche neutestamentliche Wundererzählungen sind ebenfalls vorgegebenen Schemen nachgestaltet.

Der Glaube an Wunder im Altertum war nicht nur in der Welt der Bibel verbreitet und das Wallfahrtswesen ist auch keine christliche Erfindung, schon damals dankte man den Gottheiten für eine Gebetserhörung mit einer Votivtafel.

Bestens informieren in dieser Hinsicht die bei Epidauros im Nordosten des Peloponnes vorgenommenen archäologischen Ausgrabungen. Großen Zulaufs erfreute sich im 4. vorchristlichen Jahrhundert das dortige Asklepios-Heiligtum, das dem Gott der Heilkunde geweiht war. Während der Kaiserzeit, im 2. und 3. Jahrhundert nach Christus, wurde dieser Gott fast im ganzen Römischen Reich unter dem Namen Æsculapius verehrt. Die in Epidauros ausgegrabenen Votivtafeln belegen, dass die Menschen damals in ähnlichen Anliegen zu Asklepios beteten wie heute die Gläubigen im bayerischen Altötting oder im schweizerischen Maria Einsiedeln. Sie suchten Heilung von allen nur möglichen Leiden, Trost in ausweglosen Situationen, Hilfe in mancherlei schlimmen Nöten. Andere wiederum gelangten mit Bitten an die Gottheit, für die heute bei den Katholikinnen und Katholiken der heilige Antonius von Padua zuständig ist. Ab und zu wurden auch etwas ausgefallenere Wünsche vorgetragen: Asklepios sollte für Haarwuchs sorgen, von Ungeziefer befreien oder bei der Schatzsuche behilflich sein.

Bei den meisten Asklepios zugeschriebenen Gebetserhörungen handelt es sich um *Heilungswunder*. Einen guten Eindruck davon vermag die folgende Inschrift auf einer Votivtafel zu vermitteln.

> Pandaros von Thessalien [kam ins Heiligtum] mit einem [Mutter-?] Mal auf der Stirn. Dieser sah beim Heilschlaf ein Gesicht; es träumte ihm, der Gott verbinde ihm mit einer Binde das Mal und befehle ihm, wenn er aus dem Heilraum komme, die Binde abzunehmen und in den Tempel zu weihen [d. h. sie als Weihgabe in den Tempel zu bringen]. Als es Tag wurde, stand er auf und nahm die Binde ab, und er fand sein Gesicht frei von dem Mal. Die Binde weihte er in den Tempel als Weihegeschenk. Sie trug die Buchstaben von der Stirn [d. h. das Mal, das er auf der Stirn gehabt hatte].[29]

Schilderungen dieser Art gliedern sich häufig in drei Teile. In der *Einleitung* wird die Art des Leidens beschrieben. Danach wird der *Vorgang der Heilung* geschildert. Abschließend erfolgt die *Feststellung*, dass die Heilung tatsächlich stattfand. Der folgende Vergleich zwischen einer neutestamentlichen Wundergeschichte und einer Darstellung aus Epidauros zeigt, dass hinsichtlich der *Struktur* in vielen Fällen eine große Ähnlichkeit besteht zwischen außerbiblischen und neutestamentlichen Wunderberichten.[30]

---

29 R. Herzog, Die Wunderheilungen von Epidauros. Ein Beitrag zur Geschichte der Medizin und der Religion, Leipzig 1931; zit. A. Weiser, Die Apostelgeschichte (Ökumenischer Taschenbuchkommentar zum Neuen Testament, Bd. 5/1) Gütersloh und Würzburg 1981, 141.
30 Das folgende Beispiel aus Epidauros zit. bei A. Weiser, Was die Bibel Wunder nennt, Stuttgart 1975, 41.

Struktur	Epidauros	Markus 1,29–30
Art des Leidens	Alketas von Halieis war blind.	Die Schwiegermutter des Simon lag mit Fieber im Bett.
Heilender Eingriff	Er sah einen Traum. Es träumte ihm, der Gott komme zu ihm und öffne mit dem Finger seine Augen. Da habe er zuerst die Bäume im Heiligtum gesehen.	Sie [die Jünger] sprachen sogleich mit Jesus über sie und er ging zu ihr, fasste sie an der Hand und richtete sie auf.
Feststellung der Heilung	Als es Tag geworden war, kam er gesund heraus.	Da wich das Fieber von ihr und sie diente ihnen.

Weil manche Wundergeschichten in den Evangelien einem vorgegebenen literarischen Schema folgen, stellt sich vom historischen Standpunkt aus die Frage, ob die Verfasser jeweils ein geschichtliches Ereignis wiedergeben wollten, oder ob sie sich der damals geläufigen Form der Wundererzählung bedienten, um gewisse Wesenszüge Jesu hervorzuheben – etwa dass er der Herr der Schöpfung ist. Selbst da, wo ein historischer Kern gewährleistet scheint, ist immer noch zu unterscheiden zwischen Wunder*geschehen* und Wunder*geschichte*.

Längst nicht alle neutestamentlichen Wundergeschichten folgen dem erwähnten klassischen Schema. Manche sind so gestaltet, dass sie sich keiner vorgegebenen literarischen Form zuordnen lassen, während andere alttestamentlichen Wundererzählungen nachgestaltet sind. Es trifft dies etwa zu für die im Markusevangelium überlieferte Geschichte von der Speisung der Fünftausend (Mk 6,30–44), die an eine dem Propheten Elischa zugeschriebene Begebenheit erinnert (2 Kön 4,42–44), oder für jene von der Erweckung des Jünglings zu Naïn durch Jesus, die Lukas einer von dem Propheten Elija berichteten Totenerweckung nachgestaltet hat (vgl. Lk 7,11–17 mit 1 Kön 17,10–11 und 17–24). In beiden Fällen handelt es sich um ein *Überbietungswunder* (Jesus ist größer als Elischa, größer auch als Elija).[31]

Berufungs- und Ankündigungsgeschichten

Nicht um eine detaillierte Schilderung von bestimmten Vorgängen, sondern um die Bedeutung der Person Jesu geht es auch in den neutestamentlichen *Berufungs- und Ankündigungsgeschichten*, die ebenfalls nach einem alttestamentlichen Schema aufgebaut sind. Am besten lässt sich das belegen, wenn wir die von Lukas überlieferte Ankündigungsgeschichte mit alttestamentlichen Texten vergleichen.

> Im sechsten Monat [der Schwangerschaft ihrer Verwandten Elisabet] wurde der Engel Gabriel von Gott in eine Stadt in Galiläa namens Nazaret zu einer Jungfrau gesandt. Sie war mit einem Mann namens Josef verlobt, der aus dem Haus David stammte. Der Name der Jungfrau war Maria. Der Engel trat bei ihr ein und sagte: Sei gegrüßt, du Begnadete, der Herr ist mit dir. Sie erschrak über die Anrede und überlegte, was dieser Gruß zu bedeuten habe. Da sagte der Engel zu ihr: Fürchte dich nicht, Maria, denn du hast bei Gott Gnade gefunden. Siehe, du wirst schwanger werden und einen Sohn wirst du gebären; dem sollst du den Namen Jesus geben. Er wird groß sein und Sohn des Höchsten genannt werden. Gott, der Herr, wird ihm den Thron seines Vaters David geben. Er wird über das Haus Jakob in Ewigkeit herrschen und seine Herrschaft wird kein Ende haben. Maria sagte zu dem Engel: Wie soll das geschehen, da ich keinen Mann erkenne? Der Engel antwortete ihr: Heiliger Geist wird über dich kommen und Kraft des Höchsten wird dich überschatten. Deshalb wird auch das Kind heilig und Sohn Gottes genannt werden. Siehe, auch Elisabet, deine Verwandte, hat noch in ihrem Alter einen Sohn empfangen;

---

31 Mehr dazu im Exkurs zum Kapitel *Manipulation? oder Warum es an Übereinstimmung fehlt*.

obwohl sie als unfruchtbar gilt, ist sie schon im sechsten Monat. Denn für Gott ist nichts unmöglich. Da sagte Maria: Siehe, ich bin die Magd des Herrn; mir geschehe, wie du es gesagt hast. Danach verließ sie der Engel (Lk 1,26–38).

Offensichtlich hat der Verfasser diese Episode (wie vorher schon die Ankündigung der Geburt des Johannes; vgl. Lk 1,5–25) alttestamentlichen Mustern nachgestaltet.

Schema der Ankündigungsgeschichte

	Ankündigung der Geburt Isaaks (Genesis 17,1–22)	*Ankündigung der Geburt des Täufers (Lukas 1,5–25)*	*Ankündigung der Geburt Jesu (Lukas 1,26–38)*
	Vgl. auch Genesis 16,7–16: *Ankündigung der Geburt Ismaels*; Richter 13,1–24: *Ankündigung der Geburt Simsons*		
Erscheinung eines himmlischen Wesens	Mit neunundneunzig Jahren hat Abraham eine Erscheinung des Herrn.	Im Tempel erscheint Zacharias ein Engel des Herrn.	Der Engel Gabriel erscheint Maria.
Ankündigung der Geburt eines Sohnes	»Ich will dir einen Sohn geben.«	»Deine Frau Elisabet wird dir einen Sohn gebären.«	»Du wirst schwanger werden und einen Sohn wirst du gebären.«
Namensgebung	»Und du sollst ihm den Namen Isaak geben.«	»Dem sollst du den Namen Johannes geben.«	»Dem sollst du den Namen Jesus geben.«

Vorhersage	»Ich werde einen Bund mit ihm aufrichten.«	»Er wird groß sein vor dem Herrn.«	»Er wird groß sein und Sohn des Höchsten genannt werden.«

Schema der Berufungsgeschichte

	Berufung des Mose (Exodus 3,4–22) Vgl. auch Jeremia 1,4–10: *Berufung des Jeremia*; Jesaja 6,1–8: *Berufung des Jesaja*	*Berufung des Zacharias (Lukas 1,18–25)*	*Berufung der Maria Lukas 1,34–38)*
Berufung	»Ich sende dich zum Pharao. Führe mein Volk, die Israeliten, aus Ägypten heraus!«		
Einwände	»Wer bin ich, dass ich zum Pharao gehen könnte?«	»Woran soll ich erkennen, dass das wahr ist?«	»Wie soll das geschehen, da ich keinen Mann erkenne?«
Erklärung	»Ich bin mit dir; ich habe dich gesandt.«	»Ich bin Gabriel und [von Gott] gesandt um mit dir zu reden.«	»Der Heilige Geist wird über dich kommen.«

| *Zeichen* | »Als Zeichen dafür soll dir dienen: Wenn du das Volk aus Ägypten herausgeführt hast, werdet ihr Gott an diesem Berg dienen.« | »Du sollst stumm sein und nicht mehr reden können, bis zu dem Tag, an dem dies geschieht.« | »Auch Elisabet ist jetzt schon im sechsten Monat, obwohl sie als unfruchtbar galt.« (Die Schwangerschaft ist bereits sichtbar; sie hat den Charakter eines Zeichens.) |

Wenn man die beiden Ankündigungsgeschichten im Hinblick auf die Geburt Johannes des Täufers und die Geburt Jesu (Lk 1,5–25; 1,26–38) miteinander vergleicht, fällt auf, dass beide Male das gleiche Schema den Verlauf der Handlung bestimmt: Erscheinung eines Himmelsboten – Ankündigung der Geburt eines Sohnes – Namensgebung – Vorhersage seiner Bestimmung – Einwände seitens der Erwählten – Erklärung aus dem Mund des Engels – Zeichen (Stummheit bei Zacharias; Verweis auf die bereits sichtbare Schwangerschaft der als unfruchtbar geltenden Elisabet). Darüber hinaus fällt auf, dass beide Erzählungen nach dem Schema erstbundlicher *Ankündigungs-* und *Berufungsgeschichten* ausgestaltet sind, und zwar indem der Evangelist die literarisch vorgegebenen Formen der Ankündigungs- und der Berufungsgeschichte miteinander verbindet. Diese Annahme wird dadurch erhärtet, dass er bewusst Zitate aus altbundlichen Ankündigungs- und Berufungsgeschichten verwendet (vgl. Lk 1,13.31 mit Gen 17,19; Lk 1,15 mit Ri 13,4). Die Übereinstimmungen reichen teilweise bis ins Inhaltliche hinein. Zacharias ist alt und seine Frau unfruchtbar – was schon auf Abraham und seine Frau zutrifft (Lk 1,7; Gen 18,11), sowie auch auf die Mutter Simsons (Ri 13,4) und die Mutter Samuels (1 Sam 1,2), denen aber schließlich (wie Elisabet) doch noch ein Sohn geschenkt wird; denn »für Gott ist nichts unmöglich« (Lk 1,37; ähnlich Gen 18,14).

Diese Beobachtungen erlauben den Rückschluss, dass Lukas bei der Gestaltung der Ankündigungsgeschichte keinerlei Absicht hat, irgendwelche Details über das Leben Marias auszubreiten. Ihm geht es darum, die heilsgeschichtliche Bedeutung der Mutter Jesu hervorzuheben. Sie steht in einer Reihe mit Hagar, mit Sara, mit der nicht mit Namen genannten Gemahlin des Manoach, mit Hanna und Elisabet – mit jenen erstbundlichen Frauen also, an denen sich Gottes Kraft erwiesen hat und die wider Erwarten doch noch einem Sohn (Ismael, Isaak, Simson, Samuel, Johannes) das Leben schenkten. Gleichzeitig stellt Lukas Maria über all diese anderen begnadeten Mütter in Israel, wenn er später eine Frau aus dem Volk im Anschluss an eine Unterweisung Jesu sagen lässt: »Selig der Schoß, der dich getragen, und die Brust, die dich gestillt hat« (Lk 11,27). Damit wird der dritte Evangelist zum eigentlichen Begründer jener theologischen Disziplin, die wir gemeinhin als Mariologie bezeichnen.

Bei der lukanischen Ankündigungsgeschichte allerdings steht nicht ein mariologisches, sondern ein christologisches Anliegen im Vordergrund: »Heiliger Geist wird über dich kommen und Kraft des Höchsten wird dich überschatten.« In seinem Lukaskommentar betont Gerhard Schneider, dass diese beiden Aussagen einander gegenseitig interpretieren: »Gottes Schöpferkraft – so wurde der Geist Gottes vor allem im hellenistischen Judentum verstanden – wird im Schoß der Jungfrau die Schwangerschaft bewirken. [...] Weil Gottes Geist das Kind schuf, wird es ›heilig‹ sein und in einem Sinn ›Sohn Gottes‹ genannt werden, den man fast ›seinshaft‹ nennen darf.«[32]

---

32 G. Schneider, Das Evangelium nach Lukas, Kapitel 1–10 (= Ökumenischer Taschenbuchkommentar zum Neuen Testament 3/1), Gütersloh und Würzburg 1977, 51.

Midrasch

Womöglich verstanden Matthäus und Lukas die Überlieferung von der Jungfrauengeburt nicht als bloße Bildrede. Was aber keineswegs besagt, dass ihren diesbezüglichen Erzählungen historischer Charakter eignet.[33]

Diese Texte sind mit den Augen der ursprünglichen Adressaten zu lesen und es stellt sich die Frage, was die Verfasser mit den Erzählungen von der Empfängnis und der Geburt Jesu ihrer damaligen Leserschaft (an uns haben sie ja nicht gedacht!) vermitteln wollten.

Im *Matthäusevangelium* heißt es, dass Josef seine Verlobte zu entlassen gedachte, nachdem ihre Schwangerschaft offenkundig geworden war. Ein »Engel des Herrn« befiehlt ihm im Traum, Maria zu sich zu nehmen. Als Herodes von den Magiern aus dem Osten von der Geburt eines neuen Königs erfährt, veranlasst er, alle Knaben bis zum Alter von zwei Jahren zu töten. Worauf ein Engel Josef im Traum gebietet, nach Ägypten zu fliehen. Nach dem Tod des Herodes ist es wiederum ein Engel, der Josef im Traum anweist, mit seiner Familie ins Land Israel zurückzukehren. Dass sich die Engel hier sozusagen die Türklinke reichen, erstaunt allenfalls jene, welche die Geschichte von einem anderen Josef, nämlich dem Sohn des Patriarchen Jakob, nicht kennen. Der hatte, nachdem er von seinen Brüdern nach Ägypten verkauft worden war, als Träumer (Gen 37,8–11) und Traumdeuter (Gen 41,1–36) von sich reden gemacht. Darüber hinaus lässt Matthäus sich eindeutig von der Mose-Geschichte inspirieren. Die berichtet, dass der Pharao in Ägypten alle männlichen Erstgeborenen der Israeliten umbringen lässt; *nur Mose entgeht dem Massaker*, weil er in einem Binsenkästchen ausgesetzt wurde (Ex 2,1–10). Gemäß einer außerbiblischen jüdischen Legende war diese Rettung seinem Vater zuvor *im Traum* angekündigt worden. Die Ähnlichkeit mit der matthäischen Überlieferung ist offensichtlich.

---

33 Dazu mehr bei R. E. Brown, Der Messias in der Krippe. Versuche über die drei biblischen Weihnachtsgeschichten, Würzburg 1997, 18–23.

Herodes befiehlt, alle männlichen Neugeborenen zu töten. Wie seinerzeit Mose kommt einzig das Krippenkind mit dem Leben davon. Als Mose das Volk Israel ins Gelobte Land führt, stößt er auf den Magier *Bileam aus dem Osten*, der im Auftrag eines feindlichen Königs die Israeliten mittels seiner Künste auf ihrem Weg aufhalten soll. Aber statt Mose zu verfluchen, segnet Bileam ihn. Und erklärt: »Ein Stern geht in Jakob auf, ein Zepter erhebt sich in Israel« (Num 24,17). Ursprünglich bezog man dieses Orakel auf den König David, später dann auf den erwarteten Messias. Im Matthäusevangelium folgen die Magier aus dem Osten einem Stern, der sie zur Krippe hinführt. Aus Ägypten gelangen die Israeliten ins Gelobte Land. Nach dem Tod des Herodes kehren auch Jesus und seine Eltern aus Ägypten ins Land der Verheißung zurück.

Die Parallelen zu den alttestamentlichen Episoden sind derart frappierend, dass kein Studium in Exegese vonnöten ist, um zu erkennen, dass der Evangelist sich hier nicht von historischen, sondern von katechetischen Interessen leiten lässt. Tatsächlich beinhaltet die Legende vom Besuch der Magier in Betlehem und der anschließenden Flucht der Heiligen Familie nach Ägypten keine geschichtliche, sondern eine theologische Aussage: *Jesus ist der neue Mose*; *er* ist der Retter Israels. Und nicht nur Israels! Denn wie Bileam, der Nicht-Israelit, sind auch die Magier, die dem Kind huldigen, nichtjüdischen Glaubens. Wiederum ist die Botschaft offenkundig: Der von Israel erwartete Messias ist der Erlöser der gesamten Menschheit.

In seiner Darstellung bedient sich Matthäus der seiner damaligen Leserschaft geläufigen literarischen Form des *Midrasch*. Konkret heißt das, dass er alttestamentliche Episoden aufgreift und diese in einen neuen Zusammenhang hineinstellt und so aktualisiert.

Apokalyptische Bildrede

Eine weitere literarische Form, die häufig mit einer Vorhersage endzeitlicher Geschehnisse verwechselt wird, ist die *apokalyptische Bildrede*. Was zur Folge hat, dass angeblich um das Wohl der Menschheit besorgte Gläubige Endzeitbotschaften und Weltuntergangsdrohungen in Form von Flugblättern und Traktätchen unters Volk bringen. Eine geradezu ideale Vorlage für solche fehlgeleitete Interpretationen findet sich im Matthäusevangelium.

> Als er [Jesus] auf dem Ölberg saß, wandten sich die Jünger, die mit ihm allein waren, an ihn und fragten: Sag uns, wann wird das geschehen und was ist das Zeichen für deine Ankunft und das Ende der Welt? Jesus antwortete: Denn Volk wird sich gegen Volk und Reich gegen Reich erheben und an vielen Orten wird es Hungersnöte und Erdbeben geben. […] Wenn ihr dann am heiligen Ort den Gräuel der Verwüstung stehen seht, der durch den Propheten Daniel vorhergesagt worden ist, dann sollen die Bewohner von Judäa in die Berge fliehen; wer gerade auf dem Dach ist, soll nicht hinabsteigen, um etwas aus seinem Haus zu holen, und wer auf dem Feld ist, soll nicht zurückkehren, um seinen Mantel zu holen. Weh aber den Frauen, die in jenen Tagen schwanger sind oder ein Kind stillen! […] Sofort nach den Tagen der großen Drangsal wird die Sonne verfinstert werden und der Mond wird nicht mehr scheinen; die Sterne werden vom Himmel fallen und die Kräfte des Himmels werden erschüttert werden. Danach wird das Zeichen des Menschensohnes am Himmel erscheinen; dann werden alle Völker der Erde wehklagen und man wird den Menschensohn auf den Wolken des Himmels kommen sehen, mit großer Kraft und Herrlichkeit. Er wird seine Engel unter lautem Posaunenschall aussenden und sie werden die von ihm Auserwählten aus allen vier Windrichtungen zusammenführen, von einem Ende des Himmels bis zum anderen (Mt 24,3–31 passim).

Im folgenden Kapitel schildert der Evangelist das künftige Weltgericht, in welchem alle Völker gerichtet und die Guten von den Bösen geschieden werden (Mt 25,31–46).

Wer die Bibel fundamentalistisch liest, wird in dieser Schilderung so etwas wie eine Regieanweisung für den letzten Akt des Welttheaters erkennen. Muss man aber eigens darauf hinweisen, dass dem Evangelisten nichts ferner lag als der Gedanke, ein Drehbuch zu verfassen? Sicher ist, dass er nicht zum Federkiel griff, um seiner Leserschaft eine Gänsehaut zu verpassen. Bei dieser Darstellung handelt es sich nicht um eine zeitliche, sondern um eine sachliche Aussage. Das ist erkennbar, sobald der Abschnitt mit ähnlichen biblischen Texten verglichen wird, die sich zum Teil im Alten Testament (Danielbuch), zum Teil im außerbiblischen Schrifttum (4. Buch Esra; Henochbuch), aber auch im Neuen Testament (Offenbarung des Johannes) finden. Offensichtlich handelt es sich um eine *apokalyptische Bildrede*.

Die Apokalyptik erfreute sich vor allem gegen die Mitte des zweiten vorchristlichen Jahrhunderts einer starken Verbreitung. In dieser von Krisen und Kriegen heimgesuchten Zeit (Palästina ist seit 200 v. Chr. unter syrischer Herrschaft; Unterdrückung der jüdischen Religion; Makkabäeraufstand) war das Verlangen nach der Verwirklichung von Gottes Verheißungen überaus lebendig. Da der Prophetismus inzwischen faktisch erloschen war, suchte man Trost in den heiligen Büchern, von denen man sich Aufschluss über zukünftige Ereignisse erhoffte. So entstand eine Fülle apokalyptischer Literatur, die mit dem Anspruch auftrat, kommende Welt- und Schicksalszusammenhänge zu offenbaren. Charakteristisch für diese Schriften sind die fantastischen, oft beinahe bizarren Bilder und der Rekurs auf uralte Schöpfungsmythen. Tiere symbolisieren Menschen oder ganze Völker; die Welt der Heiden wird durch wilde Bestien versinnbildlicht; Engel treten in Menschengestalt auf, gefallene Geisterwesen erscheinen als Sterne; die Zukunftserwartungen geben Anlass zu den verwirrendsten Zahlenspekulationen ... Diese Art von Literatur war zu Lebzeiten Jesu und zur Zeit der Evangelisten verbreitet, was wiederum erklärt, dass das Neue Testament davon nicht unbeeinflusst blieb.

Vor diesem Hintergrund wird deutlich, dass man den zitierten Matthäustext angemessen nur versteht, wenn man diese apokalyptische Bildrede übersetzt. Im Grund ist die Botschaft des Evangelisten ebenso einfach wie transparent. Ungeachtet aller nur möglichen Mühsal und Not und trotz aller nur denkbaren Wirrnisse und Unsicherheiten wird Jesus Christus triumphieren. *Er* wird sich am Ende durchsetzen. Gleichzeitig aber, und dies ist der Sinn der Rede vom Weltgericht, dürfen die Gläubigen nie vergessen, dass es an ihnen liegt, sich für oder gegen Christus – und damit für oder gegen ihr Heil – zu entscheiden. Und dass das Kriterium, das über Heil und Unheil entscheidet, die Liebe zum Mitmenschen ist (vgl. Mt 25,31–46: Jesu Rede vom Weltgericht). Gesagt wird, dass Mensch, Welt und Kosmos Gott zum Ziel haben und dereinst durch ihn vollendet werden. Was hingegen den *Weg dahin* betrifft, behilft sich der Evangelist mit den zu seiner Zeit gängigen apokalyptischen Bildern und Vorstellungen. Eine Textauslegung, die meint, über das bloße *Dass* hinaus mehr sagen zu können, ist Ausdruck frivoler Geschwätzigkeit und purer Spekulation. Und dieser Letzteren ist, wie die erwähnten Katastrophentraktätchen und Untergangsprophezeiungen beweisen, keinerlei Grenzen gesetzt.

Der »Sitz im Leben«

Bis jetzt war davon die Rede, dass die Kenntnis bestimmter literarischer Gattungen und Formen Wesentliches zum Verständnis biblischer Texte beiträgt. Damit aber hat es sich noch nicht. Es stellt sich auch die Frage, bei welcher Gelegenheit und in welchem Zusammenhang bestimmte Texte *ursprünglich* verwendet wurden.

Wenn wir heute eine Tragödie von Sophokles anschauen wollen, gehen wir ins Theater. Bei den alten Griechen aber hatte die Tragödie anfänglich eine religiöse Funktion; sie war Teil des Tempel- und damit des Götterkults. Nur wer um diesen Hintergrund weiss, kann das literarische Werk in seiner ganzen Tragweite würdigen – und verstehen.

Auch in der Bibel gibt es eine ganze Reihe von literarischen Formen, die jeweils in einem ganz anderen Kontext gebraucht wurden. Diesen ursprünglichen Verwendungsort bezeichnet man mit dem Fachausdruck *Sitz im Leben*. Ein gutes Beispiel dafür ist der Christushymnus im zweiten Kapitel des Philipperbriefes:

Er [Jesus Christus] war Gott gleich,
hielt aber nicht daran fest, Gott gleich zu sein,

sondern er entäußerte sich
und wurde wie ein Sklave und den Menschen gleich.
Sein Leben war das eines Menschen;
er erniedrigte sich und war gehorsam bis zum Tod,
bis zum Tod am Kreuz.

Darum hat ihn Gott über alle erhöht
und ihm den Namen verliehen,
der größer ist als alle Namen,
damit alle im Himmel, auf der Erde und unter der Erde
ihr Knie beugen vor dem Namen Jesu und jeder Mund bekennt:
»Jesus Christus ist der Herr zur Ehre Gottes, des Vaters.«
(Phil 2,6–11).

Dieser *Hymnus* (dies die literarische Form) wurde von Christusgläubigen rezitiert, bevor Paulus sein Schreiben an die Gemeinde von Philippi verfasste. In drei Strophen werden die drei Stufen des Christusmysteriums besungen: sein Leben von Ewigkeit her bei Gott, seine Menschwerdung und äußerste Erniedrigung am Kreuz und schließlich seine Verherrlichung. Seinen »Sitz im Leben« hatte dieses Lied offensichtlich im christlichen Gottesdienst. Bekanntlich verfolgen Hymnen einen ganz anderen Zweck als dogmatische Aussagen. Letztere wollen klare Grenzen setzen, indem sie das Glaubensgut vor falschen Interpretationen schützen. Der Hymnus hingegen bedient sich der Bildersprache (man denke etwa an die Nationalhymnen!); dass er Begeisterung weckt oder diese steigert, ist nicht nur normal, sondern beabsichtigt. Im Gegensatz zu einer ausgeprägt dogmatischen Rede kann ein von der Bibel überlieferter Hymnus daher nur bedingt als Schriftbeweis zur Untermauerung einer bestimmten Glaubenswahrheit herangezogen werden.

Die Bestimmung des *Sitzes im Leben* bewahrt nicht nur vor überzogenen Deutungen, sondern vermag gelegentlich auch Aufschluss zu geben über die Geschichte der frühen Christengemeinden. Besonders deutlich lässt sich das mittels des Tauf- und Missionsbefehls am Schluss des Matthäusevangeliums aufzeigen. Auf einem Berg in Galiläa wendet sich der auferweckte Jesus an die Jünger mit den Worten: »Geht und macht alle Völker zu meinen Jüngern; tauft sie auf den Namen des Vaters und des Sohnes und des Heiligen Geistes und lehrt sie, alles zu befolgen, was ich euch geboten habe« (Mt 28,19–20). So wie Matthäus den Auferstandenen zu seinen Jüngern reden lässt, konnte dieser gar nicht sprechen; niemand hätte ihn verstanden. »Im Namen des Vaters und des Sohnes und des Heiligen Geistes« – diese Ausdrucksweise setzt eine intensive theologische Reflexion über das Mysterium der Dreifaltigkeit voraus. Matthäus selber verweist auf die Spur, die zu dem Ort hinführt, an dem diese Worte *ursprünglich* gesprochen wurden. Offensichtlich handelt es sich um eine gottesdienstliche Formel, genauer noch, um die Taufformel, die in jenen Kreisen benützt wurde, für die der Evangelist seine Schrift verfasste. Mit einem Wort: Der Sitz im Leben dieser äußerst prägnanten Aussage über die Dreifaltigkeit ist die Taufliturgie, wobei die in der matthäischen Formel verdichtete Trinitätslehre durchaus einen Anhalt hat an der Verkündigung Jesu. Dieser hat einen barmherzigen Gott verkündet. Darüber hinaus hat er zu verstehen gegeben, dass er in einer ganz und gar einmaligen Beziehung zu diesem Gott steht, und er hat den Seinen den Geist Gottes versprochen. Dies wiederum zeigt, dass der Evangelist die Botschaft Jesu nicht wörtlich, der Sache nach aber unverfälscht wiedergibt.

Unsere bisherigen Ausführungen zeigen: Längst nicht immer liegt es in der Absicht der biblischen Schriftsteller, mehr oder weniger detailliert über ein bestimmtes Ereignis zu informieren. Oft geht es ihnen vielmehr darum, eine Glaubenswahrheit oder eine Anleitung zu »jesusgerechtem« Handeln zu vermitteln.

Die entscheidende Frage lautet daher nicht: *Was oder wie* oder gar *Was und wie* ist etwas geschehen? Sondern: Was wollte der Verfasser jeweils zum Ausdruck bringen?

Die Stimme Gottes
oder
Die Wahrheit der Bibel

»Wort Gottes!« Mit diesem Bekenntnisruf beschließt der Lektor oder die Lektorin während der Eucharistiefeier die biblische Lesung, bevor der Priester den Evangelientext vorträgt. »Wort Gottes!« Das bedeutet, dass die Bibel nicht bloß das Ergebnis menschlicher Denkbemühungen darstellt, sondern dass in den in ihr enthaltenen Büchern Gott zu Wort kommt. Deshalb sind Christinnen und Christen geneigt zu sagen: Die Bibel ist Gottes Wort.

Diese Auffassung ist nicht falsch, aber sie ist auch nicht ganz richtig. Sie ist nicht falsch, wenn man sie dahin gehend versteht, dass die Bibel *von Gott inspiriert* ist – also jene Heilswahrheiten enthält, die Gott dem Menschen vermitteln wollte. Sie ist unzutreffend, wenn man die Bibel *mit der Offenbarung Gottes gleichsetzt*.

Das Wort wird Schrift

Tatsächlich sucht Gott das Gespräch mit den Menschen lange bevor das, was er ihnen ankündigt, aufgeschrieben wird. So berichtet die Bibel von Gottesoffenbarungen an Abraham, an Mose oder an das Volk Israel. Diese Ereignisse werden über Jahrhunderte hin weitererzählt, bevor sie ihren schriftlichen Ausdruck finden. Ähnliches gilt für die Person Jesu, in dem Gott sich auf unüberbietbare Weise kundtut. Erst ungefähr vier Jahrzehnte nach Jesu Tod und Auferweckung stellt ein gewisser Markus als Erster mündliches und schriftliches Überlieferungsgut zu einem Evangelium zusammen. Zwischen dem Offenbarungsvorgang und dessen Aufzeichnung besteht also ein zeitlich nicht unerheblicher Abstand. Praktisch bedeutet das, dass die Heilige Schrift nicht schlechthin Gottes Wort *ist* (dieses Wort erging ja schon früher), sondern dass sie Gottes Wort *enthält*.

Diese Unterscheidung mag auf den ersten Blick spitzfindig erscheinen. Aber für ein angemessenes Verständnis der Bibel ist sie von großer Tragweite. Denn die Zeitspanne zwischen dem Offenbarungsvorgang und dessen schriftlicher Fixierung hat bisweilen beachtliche Auswirkungen auf die Darstellung der überlieferten Ereignisse. Die biblischen Verfasser sind nicht in erster Linie daran interessiert, alte Zeugnisse für die Nachwelt festzuhalten. Vielmehr lassen sie sich bei der Niederschrift ihrer Texte leiten von Anliegen, Fragen und Geschehnissen, die *ihre* Zeit und *ihre* Zeitgenossenschaft betreffen. Darin unterscheiden sie sich nicht von heutigen Autoren oder Schriftstellerinnen, die bei der Abfassung ihrer Werke an eine ganz bestimmte Zielgruppe denken. Besonders deutlich wird das etwa in der Einleitung zum Abraham-Zyklus, der bekanntlich mit einer Gottesoffenbarung beginnt, die mit einer Verheißung verbunden ist:

> Der Herr sprach zu Abram: Geh fort aus deinem Land, aus deiner Verwandtschaft und aus deinem Vaterhaus in das Land, das ich dir zeigen werde! Ich werde dich zu einem großen Volk machen, dich segnen und deinen Namen groß machen. Ein Segen sollst du sein. Ich werde segnen, die dich segnen; wer dich verwünscht, den werde ich verfluchen. Durch dich sollen alle Sippen der Erde Segen erlangen. Da ging Abram, wie der Herr ihm gesagt hatte, und mit ihm ging auch Lot. Abram war fünfundsiebzig Jahre alt, als er von Haran auszog (Gen 12,1–4).

Der Aufbruch der Abrahamsippe aus dem südbabylonischen Ur (Gen 11,28) nach Kanaan dürfte gegen 1850 v. Chr. erfolgt sein. Aufgezeichnet wird diese Geschichte aber erst in der Zeit zwischen dem 10. und dem letzten Drittel des 8. vorchristlichen Jahrhunderts. Die Erzählung gehört damit zur ältesten literarischen Schicht der fünf Bücher Mose, zum sogenannten jahwistischen

Geschichtswerk. Diese Bezeichnung hat sich eingebürgert, weil der unbekannte Verfasser (»Jahwist«) in seinen Texten den hebräischen Gottesnamen *Jahwe* verwendet. Vermutlich in der zweiten Hälfte des 5. Jahrhunderts v. Chr. überarbeiten Endredaktoren die ihnen vorliegenden Texte und verleihen den fünf Büchern Mose ihre endgültige Gestalt. Jetzt erst erhält die Episode von der Erwählung Abrahams ihre definitive Ausformung.

Naturgemäß verfolgen die einzelnen Redaktoren, welche die verschiedenen Überlieferungen und die von ihren Kollegen früher erstellten Textfassungen überarbeiten, ganz bestimmte Interessen. Was mit sich bringt, dass nicht nur das ursprüngliche Offenbarungswort Gottes Veränderungen erfährt, sondern auch dessen Deutung.

Was die Episode von der Erwählung Abrahams betrifft, dient diese zunächst dazu, die Identität des Volkes Israel historisch und theologisch zu begründen. Später wird der Text als verschlüsselte Kritik an der imperialen Politik zur Zeit des davidisch-salomonischen Reiches verstanden; Israel soll für die Völker in seinem Macht- und Einflussbereich zum Segen und nicht zum Fluch werden (vgl. Gen 12,3 mit 2 Sam 8,2).[34] Noch einmal anders deutet der Endredaktor nach dem babylonischen Exil diese Episode. Das Reich ist geschrumpft, Israel wird von den Supermächten in die Knie gezwungen und muss um seinen Fortbestand bangen. Verständlicherweise legt man jetzt mehr Gewicht auf jenes alte Gotteswort, das besagt, dass Jahwe Abraham »zu einem großen Volk machen« wird.

Wie Gott sich offenbart

Alle Selbstbekundung Gottes ereignet sich innerhalb der menschlichen Geschichte, sei dies nun im individuellen Dasein einzel-

---

34 So F. J. Stendebach, Einleitung in das Alte Testament, Düsseldorf 1994, 90. Dort auch wichtige Hinweise zur Datierung der einzelnen Schichten des Pentateuchs, sowie der übrigen alttestamentlichen Bücher.

ner Menschen, sei es im größeren Rahmen der Entwicklung eines ganzen Volkes.

Zwar unterscheidet die katholische Theologie noch immer zwischen einer *natürlichen* und einer *übernatürlichen* Offenbarung Gottes,[35] was praktisch bedeutet, dass der Mensch auf zwei verschiedenen Wegen zur Erkenntnis Gottes gelangen kann. Unter *übernatürlicher Offenbarung* versteht man Gottes Heilshandeln innerhalb der menschlichen Geschichte, das sich von den Patriarchen über die Propheten und das Volk Israel bis hin zu Jesus Christus erstreckt (vgl. Hebr 1,1–2). Wenn hingegen von *natürlicher Offenbarung* die Rede ist, bezieht sich das auf die menschliche Fähigkeit, in Anbetracht der »Größe und Schönheit der *Geschöpfe*« Gott als Schöpfer zu erkennen (Weis 13,5). So betont Paulus, dass Gottes »unsichtbare Wirklichkeit an den Werken der Schöpfung mit der Vernunft wahrgenommen« werden kann (Röm 1,20). Allerdings ist dabei zu bedenken, dass die Begriffe *Geschöpf* und *Schöpfung* die Idee eines Weltenschöpfers oder Schöpfergottes bereits voraussetzen.

Der Unterscheidung zwischen natürlicher und übernatürlicher Offenbarung entspricht jene andere, die differenziert zwischen einer Natur- und einer Gnadenordnung. Wohl kann man aus praktischen Gründen die »natürliche« Offenbarung Gottes (»Werkoffenbarung« oder »Offenbarung durch die Schöpfung«) und Gottes übernatürliche Selbsterschließung (»geschichtliche« oder »Wortoffenbarung«) auseinanderhalten. Nach dem Zeugnis der Schrift jedoch gibt es *faktisch* nur eine einzige – übernatürliche – Heilsordnung, insofern sich Gott der Menschheit seit ihren

---

[35] Erstes Vatikanisches Konzil, Dogmatische Konstitution *Dei Filius* über den katholischen Glauben, in: H. Denzinger, Kompendium der Glaubensbekenntnisse und kirchlichen Lehrentscheidungen. Verbessert, erweitert, und ins Deutsche übertragen und unter Mitarbeit von Helmut Hoping hg. von Peter Hünermann, Freiburg Basel Rom Wien [37]1991 (lateinisch/deutsch), Nr. 3004; Zweites Vatikanisches Konzil, Dogmatische Konstitution über die göttliche Offenbarung, *Dei verbum*, Nrn. 3, 4 und 6.

Anfängen gnadenhaft zugewandt hat. Einfacher ausgedrückt: Wenn Gott die Menschen schon immer zur beseligenden Gemeinschaft mit sich berufen hat, musste er ihnen das von Anfang an zu verstehen geben, will sagen, sie befähigen, hinter oder in allem Geschaffenen ihn als Schöpfer zu erkennen. Ausdrücklich unterstreicht dies die Offenbarungskonstitution des Zweiten Vatikanischen Konzils, wobei allerdings das *Wie* offenbleibt:

> Gott, der durch sein Wort alles erschafft und erhält, gibt den Menschen jederzeit in den geschaffenen Dingen Zeugnis von sich. Da er aber den Weg übernatürlichen Heils eröffnen wollte, hat er darüber hinaus sich selbst schon am Anfang den Stammeltern kundgetan. Nach ihrem Fall hat er sie wieder aufgerichtet in der Hoffnung auf das Heil, indem er die Erlösung versprach. Ohne Unterlass hat er für das Menschengeschlecht gesorgt, um allen das ewige Leben zu geben, die das Heil suchen durch Ausdauer im guten Handeln.[36]

Das *Wie* also, nämlich die Art und Weise, wie Gott sich offenbart und wie der Mensch Gott erfährt, bleibt offen. Festgestellt wird lediglich, dass es sich dabei nicht um Einsichten handelt, zu denen der Mensch mittels eigener Anstrengung gelangt, sondern um Erkenntnisse, die ihm von Gott geschenkt werden.

Derartiges ereignet sich auch im alltäglichen, profanen Bereich, etwa wenn wir den Eindruck haben, dass uns eine Erleuchtung, ein Aha-Erlebnis oder eine Offenbarung zuteilwurde, ohne dass wir uns eigens darum bemüht hätten.

In der erkenntnistheoretischen Fachsprache spricht man angesichts solcher Erlebnisse von einem Erschließungsvorgang, von einer Erschließungssituation oder von einem Erschließungsgeschehen und meint damit, dass eine bestimmte Sache sich plötzlich in einem ganz neuen Licht oder unter einem bisher völlig unbeachteten Aspekt zeigt.

Da ist eine Studentin, die eine Doktorarbeit über die Troubadoure in Italien schreibt. Der Professor weist sie darauf hin,

---

36 *Dei verbum*, Nr. 3.

dass auch der *Cantico delle creature*, der Sonnengesang des heiligen Franz von Assisi, in diesem Zusammenhang einer kurzen Erwähnung bedürfe. Die Studentin, der dieser *Cantico* nicht ganz unbekannt ist, vertieft sich in die geschichtlichen Quellen und bringt dabei unter anderem in Erfahrung, dass der kleine Kaufmannssohn aus Assisi sein ganzes Geld an die Armen verteilte, auf sein Erbe verzichtete, erst Aufsehen und später Bewunderung erregte und den Vögeln predigte, weil die schon damals geduldiger zuhörten als die Menschen. Der Mann war ein Narr, denkt die Studentin. Und vertieft sich weiter in ihre Arbeit. Irgendwie aber hat das, was sie da in Erfahrung gebracht hat über diesen Francesco, etwas in ihr ausgelöst. Plötzlich, sie weiß nicht wie, drängt sich ihr eine ganz andere Einsicht auf: Der Mann war ein Heiliger! Diese Erkenntnis bringt ihre bisherige Wertordnung, ihre Einstellung zum Leben, ihre Beurteilung der Mitmenschen, auch ihr Konsumverhalten, kurzum, ihre ganze Weltanschauung durcheinander.

Es ist dies ein geradezu klassisches Beispiel für ein Erschließungsgeschehen. Solche Erschließungsvorgänge ereignen sich stets da, wo jemand die *ganze* Wirklichkeit plötzlich mit anderen Augen sieht. Erschließungsvorgänge, welche die Personmitte ansprechen und einen Menschen existenziell fordern, werden deshalb zu Recht als *eigentliche Offenbarungen* bezeichnet. Damit dürfte in etwa deutlich geworden sein, was wir *theologisch* unter einer Offenbarung verstehen. Tatsächlich unterscheidet sich diese von einer gewöhnlichen, profanen Offenbarung einzig durch ihren religiösen Inhalt.

Wie offenbart sich Gott? Sicher ist meines Erachtens, dass er die Menschen nicht einfach überfällt. Andererseits verhält es sich nicht so, dass der Mensch bloß dank eigener Kraft Gottes Pläne zu erkennen vermag. Vielmehr scheinen die Grenzen zwischen passivem Überwältigtwerden und aktiver Aufnahmebereitschaft fließend zu sein. Eine recht plastische Vorstellung dieses geheimnisvollen, weil letztlich unerklärlichen Zusammenwirkens von göttlicher Initiative und menschlicher Aufgeschlossenheit vermag jener Abschnitt aus Thomas Manns Roman *Joseph und seine Brüder* zu vermitteln, der von der Berufung Abrams handelt.

Es fing damit an, dass Abram dachte, der Mutter Erde allein gebühre Dienst und Anbetung, denn sie bringe die Früchte und erhalte das Leben. Aber er bemerkte, dass sie Regen brauche vom Himmel. Also sah er sich an dem Himmel um, sah die Sonne in ihrer Herrlichkeit, Segen- und Fluchgewalt und war an dem Punkt, sich für sie zu entscheiden. Da jedoch ging sie unter und er überzeugte sich, sie könne also nicht wohl das Höchste sein. Also blickte er auf den Mond und die Sterne – auf diese sogar mit besonderer Neigung und Hoffnung. […] Doch als der Morgenstern aufging, folgerte Abram: »Nein, auch sie sind nicht meiner würdige Götter.« Seine Seele war bekümmert vor Mühe, und er folgerte: »Hätten sie nicht über sich noch, so hoch sie sind, einen Lenker und Herrn, wie möchte das eine auf-, das andere untergehen? Es wäre unschicklich für mich, den Menschen, ihnen zu dienen und nicht vielmehr dem, der über sie gebietet.« Und Abrahams Sinn lag der Wahrheit an und so inständig-kummervoll, dass es Gott den Herrn aufs Tiefste rührte und er bei sich sprach: »Ich will dich salben mit Freudenöl mehr denn deine Gesellen!«

So hatte Abraham Gott entdeckt aus dem Drang zum Höchsten, hatte ihn lehrend weiter ausgeformt und hervorgedacht. […]

Gewissermaßen war Abraham Gottes Vater. Er hatte ihn erschaut und hervorgedacht, die mächtigen Eigenschaften, die er ihm zuschrieb, waren wohl Gottes ursprüngliches Eigentum, Abram war nicht ihr Erzeuger. Aber war er es nicht doch in einem gewissen Sinne, indem er sie erkannte, sie lehrte und denkend verwirklichte? Gottes gewaltige Eigenschaften waren zwar etwas sachlich Gegebenes außer Abraham, zugleich aber waren sie auch in ihm und von ihm; die Macht seiner eigenen Seele war in gewissen Augenblicken kaum von ihnen zu unterscheiden, verschränkte sich und verschmolz erkennend in eines mit ihnen und das war der Ursprung des Bundes, den der Herr dann mit Abraham schloss und der die nur ausdrückliche Bestätigung einer inneren Tatsache war; es war aber auch der Ursprung des eigentümlichen Gepräges von Abrams Gottesfurcht. […]

> Gott war da, und Abraham wandelte vor ihm, in der Seele geheiligt durch Seine Außennähe. Sie waren Zwei, ein Ich und ein Du, das ebenfalls »Ich« sagte und zum anderen »Du«. Schon richtig, dass Abram die Eigenschaften Gottes mithilfe der eigenen Seelengröße ausmachte – ohne diese hätte er sie nicht auszumachen und zu benennen gewusst, und sie wären im Dunkel geblieben. Darum blieb Gott aber doch ein gewaltig Ich sagendes Du außer Abraham und außer der Welt.[37]

Abram entdeckt Gott (der ihn später Abraham, »Vater der Menge« nennen wird: Gen 17,5) aus sich heraus – aber das vermag er nur, weil Gott sich von ihm entdecken lässt. Gott seinerseits kann Abrams Geist nur bewegen, weil dieser sein ganzes Sinnen und Streben auf das Höchste richtet. Dieses Höchste wiederum wird als *der* Höchste nur erkannt, weil ein Mensch in sich hineinhört und horcht auf seine innere Stimme. Und die sagt ihm, dass hinter aller Geistlosigkeit und allen Banalitäten des alltäglichen Lebens etwas ganz anderes, ein Unbekanntes west, das allein seine ungestillte Sehnsucht zufriedenzustellen vermag. Was schließlich dazu führt, dass Abraham diesem Gott begegnet in der eigenen Seele. *Das* meint die Bibel, wenn sie erzählt von Gotteserfahrungen und wenn sie redet von der Offenbarung Gottes.

Wenn sie redet *von* der Offenbarung Gottes. Denn wie wir schon sahen, *ist* die Bibel streng genommen nicht die Offenbarung, sondern sie *enthält* diese Offenbarung und damit das Wort Gottes.

Die Differenz zwischen Inspiration und Irrtumslosigkeit

Wenn man sagt, dass die Schrift Gottes Wort *ist*, bezieht sich diese Redeweise also nicht auf die Offenbarung, sondern auf die Inspiration. Damit ist gemeint, dass die Bibel letztlich Gott zum Urheber hat, der die Gedanken der biblischen Verfasser erhellte und

---

37 Th. Mann, Joseph und seine Brüder. Der junge Joseph (Fischer Bücherei, Bd. 9436), Frankfurt a. M. [14]2008, 41–42, 44,46.

Caravaggio, Matthäus und der Engel. Kirche San Luigi dei Francesi, Rom.
Wikimedia Commons.

ihnen bei der Niederschrift ihrer Bücher die Feder führte (vgl. 2 Tim 3,16; 2 Petrus 1,20–21).

In der Kirche San Luigi dei Francesi zu Rom hängt ein Gemälde von Michelangelo Caravaggio (1571–1610), das den Apostel Matthäus bei der Niederschrift seines Evangeliums zeigt. Über einen Tisch und das Manuskript gebeugt, hält er die Feder in der Hand. Sein Blick ist rückwärtsgewandt und nach oben auf einen schwebenden Engel gerichtet, der ihm einflüstert, was er aufzeichnen soll und seinem Diktat mit eindrucksvoller Gestik Nachdruck verleiht. Dieses Gemälde illustriert auf drastische Weise, wie man sich früher die Inspiration vorstellte. Der Verfasser einer biblischen Schrift ist lediglich ein Instrument, dessen Gott sich bedient, etwa so, wie ein Schreiber den Griffel benützt, um ein Dokument zu verfassen.

Grafik: I. Casutt
© J. Imbach

Dieses Modell führte fast notwendigerweise zur Theorie von der *Verbalinspiration*, die besagt, dass Gott dem biblischen Schriftsteller jeden Satz, jedes Wort, ja jeden einzelnen Buchstaben diktierte.

Nun gibt es aber in der Bibel Passagen von sehr unterschiedlicher sprachlicher Qualität. Neben alltäglichen Gelegenheitsschriften, wie dem knapp gehaltenen Schrieb des Paulus an Philemon, finden sich auch formvollendete Kunstwerke wie das Hohelied, das Buch Kohelet oder die Psalmen. Derart frappante Unterschiede erklärte man früher mit dem Hinweis, dass Gott die persönliche Eigenart der menschlichen Verfasser respektiere – was schließlich dazu führte, dass man die Theorie der Verbalinspiration durch die Lehre von der *Personalinspiration* ersetzte. Diese Auffassung erschien schon deshalb plausibler, weil sie der Tatsache Rechnung trägt, dass die einzelnen biblischen Schriftsteller den von ihnen verfassten Büchern ihren persönlichen Stempel aufdrückten. Tatsächlich wird hier die menschliche Eigenart der biblischen Autoren nur unzureichend berücksichtigt, da Gott weiterhin als der eigentliche und alleinige Verfasser der heiligen Bücher gilt – bloß dass er sich jetzt verschiedener Federn bedient, die auf unterschiedliche Weise zugespitzt sind.

Außerdem vermag diese Lehrmeinung die in der Bibel enthaltenen offensichtlichen Irrtümer nicht zu erklären. Beispiele? Gegen Ende seines Evangeliums zitiert Matthäus den Propheten Sacharja – und schreibt die Stelle irrtümlich Jeremia zu (Mt 27,9; vgl. Sach 11,1213). Gleich zu Beginn des Buches Judit wird Nebukadnezzar als König der Assyrer mit Sitz in Ninive vorgestellt. In Wirklichkeit jedoch herrschte dieser über das babylonische Reich. Die spannende Geschichte von Josef, dem Sohn des Patriarchen Jakob (Gen 3550), zeugt zwar von einer präzisen Kenntnis der Verhältnisse und Gebräuche im alten Ägypten. Erstaunlicherweise aber wissen die zeitgenössischen Quellen nichts von einem Großwesir namens Josef, der das ganze Reich verwaltete (vgl. Gen 41,4045). Und was soll man von den 600'000 israelitischen Kriegsleuten halten, die angeblich aus Ägypten auszogen (Ex 12,37), während die stärksten Armeen jener Zeit hundertmal weniger Streitkräfte umfassten?

Angesichts dieser und anderer in der Bibel enthaltenen Irrtümer sahen die Theologen sich schließlich gezwungen, eine neue Theorie zu entwickeln, die unter der Bezeichnung *Realinspiration* in die Geschichte der Exegese einging. Gemäß dieser Auffassung gab Gott den menschlichen Verfassern lediglich die Themen ein, die diese dann frei gestalteten. Damit gehen die in der Bibel enthaltenen geschichtlichen, geografischen oder naturwissenschaftlichen Irrtümer samt und sonders auf das Konto der menschlichen Verfasser, während die eigentlichen Heilswahrheiten von Gott geoffenbart sind. Aber auch diese Erklärung überzeugt nicht, wenn man bedenkt, dass die Kirche stets daran festgehalten hat, dass die *ganze* Bibel in ihrem Wortlaut von Gott inspiriert ist.

Alle diese Lösungsversuche zeugen letztlich von dem Bemühen, die Unfehlbarkeit der göttlichen Inspiration mit der offensichtlichen Fehlbarkeit der menschlichen Verfasser in Einklang zu bringen. Damit haben sich auch die Bischöfe auf dem Zweiten Vatikanischen Konzil auseinandergesetzt. Im Lauf der Diskussionen stellte sich immer deutlicher heraus, dass hier ein Pseudoproblem verhandelt wurde, das durch die Gleichsetzung von Inspiration und Irrtumslosigkeit entstand: Die Bibel ist von Gott inspiriert, *also* kann sie keinerlei Irrtümer enthalten. Die Frage ist nur: *Worauf* bezieht sich die Lehre von der Inspiration? In seiner kleinen Schrift *Über die Wahrheit* trifft Thomas von Aquin eine wichtige Unterscheidung: »Der Heilige Geist wollte uns durch die von ihm inspirierten Autoren nur jene Wahrheit vermitteln, die zu unserem Heil nützlich ist.«[38] Hier wird der Begriff der Irrtumslosigkeit der Schrift ausschließlich auf jene Wahrheiten bezogen, die für das Heil des Menschen bedeutsam sind. Nur *diese (Heils-)Wahrheiten* sind in der *in ihrer Ganzheit von Gott inspirierten* Schrift sicher irrtumsfrei. Anders ausgedrückt: *Die Inspiration bezieht sich auf die ganze Bibel, während die Irrtumslosigkeit nur von den in der Bibel enthaltenen Heilswahrheiten ausgesagt wird.* Diese Sicht hat sich das Zweite Vatikanum in der *Dogmatischen Konstitution über die göttliche Offenbarung, Dei verbum,* zu eigen gemacht und damit ein Problem gelöst, das sich gar nicht gestellt hätte, wenn jene Neothomisten, welche die theologische Forschungsarbeit systematisch behinderten, ihren Thomas von Aquin ein bisschen genauer studiert hätten.

> Das von Gott Geoffenbarte, das in der Heiligen Schrift enthalten ist und vorliegt, ist unter dem Anhauch des Heiligen Geistes aufgezeichnet worden; denn aufgrund apostolischen Glaubens gelten unserer heiligen Mutter, der Kirche, die Bücher des Alten wie des Neuen Testamentes in ihrer Ganzheit mit allen ihren Teilen als heilig und kanonisch, weil sie, unter der Einwirkung des Heiligen Geistes geschrieben (vgl. Joh 20,31; 2 Tim 3,16; 2 Petr 1,19–21; 3,15–16), Gott zum Urheber haben und als solche der Kirche übergeben sind. Zur Abfassung der Heiligen Bücher hat Gott Menschen erwählt, die ihm durch den Gebrauch ihrer eigenen Fähigkeiten und Kräfte dazu dienen sollten, all das und nur das, was er – in ihnen und durch sie wirksam – geschrieben haben wollte, als echte Verfasser schriftlich zu überliefern. Da also alles, was die inspi-

---

38 Thomas von Aquin, De veritate, q. 12, a. 2, 6.

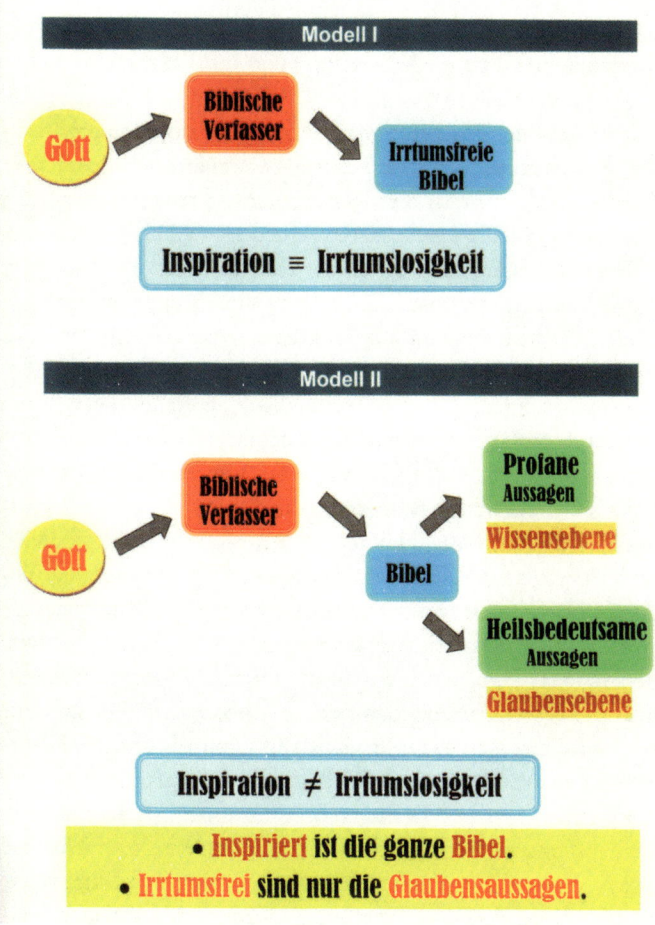

Grafik: I. Casutt © J. Imbach

rierten Verfasser aussagen, als vom Heiligen Geist ausgesagt zu gelten hat, ist von den Büchern der Schrift zu bekennen, dass sie sicher, getreu und ohne Irrtum *die* Wahrheit lehren, die Gott *um unseres Heiles willen* aufgezeichnet haben wollte.[39]

---

39 *Dei verbum*, Nr. 11; Hervorhebungen von mir.

Außer den heilsbedeutsamen Wahrheiten, welche die endgültige Bestimmung des Menschen, sein Handeln und seine Identität betreffen (»Der Mensch ist zur ewigen Gemeinschaft mit Gott berufen«; »Jesus ist der Weg, die Wahrheit und das Leben« ...), finden sich in der Bibel jede Menge geschichtlicher, geografischer und naturwissenschaftlicher Aussagen (»Nebukadnezzar war König der Assyrer mit Sitz in Ninive«), von denen manche, nach unseren heutigen Erkenntnissen, schlicht falsch sind.

Wenn das Konzil unterstreicht, dass die Bibel die Wahrheit »ohne Irrtum« lehre, bezieht sich diese Aussage nicht auf profanwissenschaftliche Tatbestände, sondern ausschließlich auf jene Wahrheiten, die um unseres Heiles willen aufgezeichnet wurden. Einzig diese übernatürlichen (von Gott geoffenbarten) Heilswahrheiten bilden den Inhalt des Glaubens. Alle anderen Aussagen hingegen, die eine bloße Hilfsfunktion erfüllen bei der Vermittlung der Glaubenswahrheiten (die also gleichsam als Vehikel dienen, auf denen die Heilswahrheiten transportiert werden), sind Gegenstand der profanen wissenschaftlichen Forschung und Erkenntnis. Wenn Lukas in seinem Evangelium berichtet, dass Jesus zur Zeit des Kaisers Augustus geboren und von einem Statthalter namens Pontius Pilatus zum Kreuzestod verurteilt wurde, handelt es sich dabei nicht um eine Glaubenswahrheit, sondern um eine historische Nachricht. Dass ein Augustus und ein Pilatus gelebt haben, *glauben* wir nicht; das kann man aufgrund historischer Quellen *wissen*. Es handelt sich hier also nicht um eine von Gott geoffenbarte Heilswahrheit, sondern um eine geschichtliche Aussage. Unser Glaube an Jesus Christus wäre in keiner Weise betroffen, wenn Lukas sich in Bezug auf einen dieser beiden Politiker geirrt hätte. Dieser historische Irrtum bliebe ohne Folgen auf jene geoffenbarte Glaubenslehre, die besagt, dass Gott in Jesus der Menschheit auf unüberbietbare Weise nahegekommen ist.

Fundamentalistisch orientierte Leser und Leserinnen setzen Inspiration und Irrtumslosigkeit auch weiterhin in eins. Diese Gleichsetzung erlaubt es ihnen, den Zeitpunkt der Erschaffung der Welt zu datieren, das Geburtsdatum Adams auszurechnen und Gottes Willen eindeutig zu kennen.

Zu welch erstaunlichen Forschungsergebnissen eine derartige von exegetischen Bemühungen unbelastete Schriftinterpretation gelegentlich führt, vermögen die (in vielfacher Hinsicht erstaunlichen) Ergebnisse zu demonstrieren, mit denen zwei Physikprofessoren der Universität von Santiago de Compostela, Jorge Mira Pérez und José Viña, die Öffentlichkeit überraschten.[40] Aufgrund ihrer Bibelstudien bestätigten die beiden Naturwissenschaftler, was die Synode von Toledo im Jahre 693 für alle Gläubigen verpflichtend formuliert und Papst Pius VI. 1794 erneut eingeschärft hatte, und worauf auch der Katechismus der katholischen Kirche insistiert,[41] nämlich dass in der Hölle tatsächlich ein rot glühendes Feuer züngelt. Gleichzeitig gelingt es den zwei Physikern, die diesbezüglichen lehramtlichen Verlautbarungen mit weiteren Erkenntnissen anzureichern und die Angst der Gläubigen so ein klein wenig zu dämpfen. Den Berechnungen der beiden Physioexegeten zufolge nämlich müssen die Verdammten deutlich weniger Hitze aushalten, als man bislang befürchtet hatte. Ausschlag-

---

40 Vgl. dazu den Bericht, welchen *Der Spiegel* nicht etwa am 1. April, sondern am 24. August 1998 veröffentlichte: https://www.spiegel.de/spiegel/print/d-7969334.html (30.03.2020).

41 16. Synode von Toledo, Glaubensbekenntnis, in: H. Denzinger, Kompendium der Glaubensbekenntnisse und kirchlichen Lehrentscheidungen. Verbessert, erweitert, und ins Deutsche übertragen und unter Mitarbeit von Helmut Hoping hg. von Peter Hünermann, Freiburg Basel Rom Wien ^{37}1991 (lateinisch/deutsch), (Nr. 580); Pius VI, Konstitution *Auctorem fidei* an alle Gläubigen, ebd., 1794 (Nr. 2626). Vgl. dazu den *Katechismus der Katholischen Kirche*, München 1993, 295 (Nr. 1035): »Die Seelen derer, die im Stand der Todsünde sterben, kommen sogleich in die Unterwelt, wo sie die Qualen der Hölle erleiden, ›*das ewige Feuer*‹ (Kompendium der Glaubensbekenntnisse und kirchlichen Lehrentscheidungen, Nr. 76; 409; 411; 801; 858; 1002; 1351; 1575)« [kursiv von mir]. Angesichts derartiger topografischer Informationen macht man sich schon Gedanken über das intellektuelle und theologische Niveau der Verfasser. Immerhin heißt es anschließend dann noch: »Die schlimmste Pein der Hölle besteht in der ewigen Trennung von Gott, in dem allein der Mensch das Leben und das Glück finden kann.«

gebend für diese Jahrtausendentdeckung war ein Abschnitt aus der Geheimen Offenbarung: »Die Feiglinge und Treulosen, die Befleckten, die Mörder und Unzüchtigen, die Zauberer, Götzendiener und alle Lügner – ihr Los wird der See von brennendem Schwefel sein« (Offb 21,8). Wenn der Feuersee, in welchem die Verworfenen schmoren, aus geschmolzenem Schwefel besteht, drängt sich die Schlussfolgerung auf, dass die Umgebungstemperatur in etwa dem Siedepunkt geschmolzenen Schwefels entspricht – das sind exakt 445 Grad. Wäre die Temperatur höher, würde der Schwefel verdampfen. Daraus wiederum ziehen die spanischen Kosmotheologen Rückschlüsse auf die Lage jenes unheimlichen Ortes, den Dante unter Vergils kundiger Führung in Augenschein nehmen durfte; die geologische Schicht, in der die zur Verflüssigung von Schwefel notwendigen 445 Grad Hitze herrschen, liegt in etwas über 14 500 Metern Tiefe ...

Im Gegensatz zum Islam ist das Christentum keine Schriftreligion. Vielmehr unterscheidet es sich von jenem gerade darin, dass es auf einer Gottesoffenbarung gründet, die nicht in Form eines heiligen Buches erging, sondern die als *lebendiges* Wort, erst durch Prophetenmund und schließlich in der Gestalt des menschgewordenen Gottessohnes ihren Höhepunkt erreichte. Wie Eugen Biser betont, bedarf es diesbezüglich einer nachhaltigen Aufklärungsarbeit, »die vor allem in der Sicherung und Verbreitung der Erkenntnisse bestehen muss, zu der die wissenschaftliche Theologie in akribischer Denkleistung seit Beginn dieses [20.] Jahrhunderts gelangte. Denn die Bibel ist, in ihrer menschlichen Bedingtheit gesehen, ein antikes Buch, das *im Sinn seiner Entstehungsbedingungen gewürdigt werden muss*, weil es nur so, wie es verstanden sein will, auch verstanden werden kann.«[42]

Die ewigen Heilswahrheiten können wir stets nur hinter oder in den jeweiligen zeitbedingten biblischen Aussagen entdecken. Wer die Bibel durch die fundamentalistische Brille liest, geht in

---

42 E. Biser, An der Schwelle zum dritten Jahrtausend. Wird dem Christentum der Einzug gelingen?, Hamburg 1996, 18; Hervorhebung von mir.

der Regel von ganz bestimmten dogmatischen Vorstellungen aus – und findet dann zweifelsohne die eine oder andere Textstelle, die ins vorgefasste Konzept passt und die eigenen Vorurteile bestätigt.

Über solche buchstabenfixierte Bibellesende hat sich seinerzeit schon der Nobelpreisträger Elias Canetti in seinem Buch *Der Ohrenzeuge* mokiert:

> Der Gottprotz muss sich nie fragen, was richtig ist, er schlägt es nach im Buch der Bücher. Da findet er alles, was er braucht. Da hat er eine Rückenstütze. Da lehnt er sich beflissen und kräftig an. Was immer er unternehmen will, Gott unterschreibt es. Er findet die Sätze, die er braucht, er fände sie im Schlaf. Um Widersprüche braucht er sich nicht zu kümmern, sie kommen ihm zustatten. Er überschlägt, was ihm nicht von Nutzen ist und bleibt an einem unbestreitbaren Satz hängen. Den nimmt er für ewige Zeiten in sich auf, bis er mit seiner Hilfe erreicht hat, was er wollte. Doch dann, wenn das Leben weitergeht, findet er einen anderen Satz. […]
>
> Der Gottprotz in seiner Demut hält sich nichts darauf zugute. Er kennt die Dummheit der Menschen und bedauert sie, sie könnten es viel leichter haben. Doch sie wollen nicht. Sie meinen in Freiheit zu leben und ahnen nicht, wie sehr sie selbst versklavt sind.
>
> Wenn der Gottprotz zornig wird, bedroht er sie, nicht mit *seinen* Worten. Es gibt bessere Worte, die Menschen zu peitschen. Dann stellt er sich mit geblähtem Stimmsack auf, als stünde er persönlich am Sinai oben und erschüttert das Gesindel zu Tränen. Warum haben sie wieder nicht auf ihn gehört, wann werden sie endlich wieder auf ihn hören?[43]

---

43 E. Canetti, Der Ohrenzeuge. Fünfzig Charaktere, Frankfurt a. M. 1994, 87f.

Widerspricht sich Gott?

Schließlich ist hier auf ein Problem hinzuweisen, das vielen, die sich mit der Bibel beschäftigen, zu schaffen macht. Sie stellen fest, dass einzelne scheinbar widersprüchliche Äußerungen sich einfach nicht auf einen gemeinsamen Nenner und schon gar nicht unter einen Hut bringen lassen.

Unter anderem hängt das damit zusammen, dass der größte Teil der Offenbarungsgeschichte, nämlich die ganze Hebräische Bibel, bereits in Buchform vorlag, bevor Jesus in Erscheinung trat.[44] Das bleibt nicht ohne Folgen für das Verständnis der einzelnen biblischen Bücher und der darin enthaltenen Lehren.

Wenn Gott sich schrittweise offenbart, schließt das ein, dass er im Lauf der Jahrhunderte immer deutlicher zeigt, was er mit den Menschen vorhat. Dies wiederum impliziert, dass, wie das Zweite Vatikanum sich ausdrückt, die Bibel »auch Unvollkommenes und Zeitbedingtes« enthält.[45]

Nun finden sich in der Bibel allerdings auch Stellen, die nicht bloß als zeitbedingt, sondern als unerträglich erscheinen. Der Auftrag Gottes, die Feinde im Krieg gänzlich auszurotten (Dtn 20,10–20), ist gewiss mehr als nur ein Ausdruck von Unzulänglichkeit. Gleiches gilt für einige in den sogenannten Feindpsalmen enthaltene Racheflüche (Psalm 137,9: »Selig, wer ergreift und zerschlägt am Felsen deine Nachkommen!«).[46] Geradezu skandalös

---

44 Scheinbar miteinander unvereinbare Gegensätze finden sich in der Bibel auch aus anderen Gründen. Dazu mehr in den Kapiteln *Die Wurzeln Jesu oder Warum der Nazarener einen Stammbaum brauchte*; *Unstimmigkeiten oder Weshalb manche Bibeltexte einander widersprechen*; *Manipulation? oder Warum es an Übereinstimmung fehlt*.
45 Vatikanum II, Dogmatische Konstitution über die göttliche Offenbarung *Dei verbum*, Nr. 15.
46 Gemeint sind die Kinder der babylonischen Dynastie, unter der die Israeliten geknechtet werden. – Zu den Feindpsalmen (oft unsachgemäß als Fluchpsalmen bezeichnet) vgl. E. Zenger, Ein Gott der Rache? Feindpsalmen verstehen, Freiburg Basel Wien 1994. Den Feindpsalmen zuzurechnen sind die Psalmen 12, 44, 58, 83, 109, 139.

ist, dass gewisse Schändlichkeiten wohl geschildert, aber mit keinem Wort verurteilt werden, etwa dass Abraham seine Frau aus taktischen Gründen dem Pharao überlässt (Gen 12,10–20); dass Lots Töchter mit ihrem Vater eine sexuelle Beziehung haben (Gen 19,30–38); dass Jakob seinen Bruder Esau auf hinterhältige Weise um sein Erstgeburtsrecht betrügt (Gen 27) ...

Die Kirchenväter haben derlei Ungeheuerlichkeiten mit dem Hinweis auf die »göttliche Erziehungskunst«[47] »erklärt«. Ähnlich wie Eltern ihren Kindern nicht alles auf einmal beibringen, sondern sie nach und nach, entsprechend ihrem Alter und ihrer Auffassungsgabe belehren, habe Gott der Menschheit das Sittengesetz zunehmend klarer ins Bewusstsein gerufen.

Was das im Hinblick auf die Schriftinterpretation bedeutet, sei hier anhand zweier Beispiele illustriert.

Im Neuen Testament erhebt Jesus die Forderung, selbst die Feinde zu lieben: »Liebt eure Feinde und betet für die, die euch verfolgen« (Mt 5,44). Wie lässt sich dieses Liebesgebot vereinbaren mit der alttestamentlichen Weisung »Auge für Auge, Zahn für Zahn, Hand für Hand, Fuß für Fuß, Brandmal für Brandmal, Wunde für Wunde, Strieme für Strieme« (Ex 21,24–25)? Der Widerspruch ist längst nicht so groß, wie es scheinen mag. »Auge für Auge ...« – diese Regelung diente gerade *dem Schutz* der Schuldigen; damit sollte der uneingeschränkten Rache Einhalt geboten werden, die ja letztlich auf die Vernichtung des Gegners zielt. Geboten war eine dem jeweiligen Schaden entsprechende Bestrafung. Wobei die Verstümmelung schon früh in einen Sachwert umgewandelt wurde, den der Schuldige dem Geschädigten zu entrichten hatte. Etwas salopp ausgedrückt könnte man sagen, dass es sich um eine Art von Schadensversicherung handelte. Das jesuanische Liebesgebot allerdings beinhaltet eine Steigerung; dieses zielt nicht mehr auf Bestrafung, sondern auf Vergebung und Versöhnung.

Deutlicher noch lässt sich anhand der Entwicklung der *Straftheorie* zeigen, was mit fortschreitender Offenbarung gemeint ist.

---

47 *Dei verbum*, Nr. 15.

In der Erzählung von der Sintflut wird diese Katastrophe als Strafexpedition dargestellt, mit der Gott auf die Bosheit der Menschen reagiert (Gen 6,5–7). Gleiches gilt für das Gericht, das über die Städte Sodom und Gomorra hereinbricht (Gen 18,23–33). Weil Gott gerecht ist, gibt es kein unverschuldetes Leiden. Leiden ist demnach immer als Strafe und Vergeltung zu verstehen – und sei es für heimliche Sünde und verborgene Schuld (Hiob 11,5;15,14). Oder aber für die Sünden anderer. Denn der Gedanke, dass auch Unschuldige leiden, ließ sich auf Dauer nicht unterdrücken (vgl. Psalm 44,10–20; Habakuk 1,13). Daher sah man sich gezwungen, *die Vergeltungstheorie zu modifizieren*. Gott, so dachte man nun, lässt sogar ein ganzes Volk büßen für die Sünden des Königs (2 Sam 24,15–17), eine Ansicht, die schon immer als besonders problematisch empfunden wurde (2 Sam 24,19). Gegen diese Art von Sippenhaft protestierten die Propheten im 6. vorchristlichen Jahrhundert vehement:

Ein Sohn soll nicht an der Schuld des Vaters mittragen und ein Vater soll nicht an der Schuld des Sohnes mittragen. Die Gerechtigkeit des Gerechten kommt über ihn selber und die Schuld des Schuldigen kommt über ihn selber« (Ez 18,20; vgl. 18,2–4; Jer 31,29–30).

Etwa gleichzeitig taucht der Gedanke auf, dass das Leiden der Unschuldigen eine *stellvertretende Sühne* darstellen könne. Allerdings ist die Straftheorie damit keineswegs überwunden, insofern die stellvertretende Sühne ja dazu dient, Gott für das von anderen begangene Unrecht zu besänftigen, damit er die Menschen nicht länger bestraft. Gelegentlich betrachtete man im Judentum das Leiden auch als Mittel zur Läuterung oder als Prüfung (Hiob 5,17–19), eine Auffassung, die später in der christlichen Theologie wieder auftaucht. Hinsichtlich der Straftheorie stellt Jesu Denken insofern einen Bruch dar, als er die Vergeltungsthese vehement ablehnt. Die Tatsache, dass das Unglück Schuldige *und* Unschuldige trifft (vgl. Lk 13,1–4), erlaubt es nicht, einzelne Schicksalsschläge als Strafe Gottes zu interpretieren. Wohl aber sollte das Unheil, mit dem die Menschen konfrontiert werden, Anlass zur Umkehr sein (Lk 13,5). Jesus entgeht nicht, dass auch Unschul-

Dosso Dossi, Heilige Familie mit lesender Maria. 1527. Kapitolinische Museen, Rom. Wikimedia Commons.

dige leiden, und dass es für viele Leiden keine Erklärung gibt. Angesichts der damit verbundenen quälenden Fragen verweist der johanneische Jesus auf Gottes Geheimnishaftigkeit (Joh 9,3).

Diese ganze Entwicklung legt nahe, dass die älteren Schichten der Bibel, in denen sich frühere Stufen des Offenbarungsgeschehens widerspiegeln, aus christlicher Sicht nur dann angemessen verstanden werden können, wenn man sie aus dem Blickwinkel Jesu liest, der die Fülle der Selbsterschließung Gottes darstellt.

Diesen Gedanken hat der italienische Künstler Dosso Dossi (um 1489–1542) auf seinem Gemälde *Die heilige Familie* auf überaus tiefsinnige Weise ins Bild umgesetzt.[48] Maria sitzt vor einem Tisch. Mit der Rechten stützt sie die Heilige Schrift, während sie mit dem Zeigefinger ihrer linken Hand auf die Buchstaben weist.

---

48 Aufmerksam geworden auf das Bild bin ich durch E. Nordhofen, Die Mädchen, der Lehrer und der liebe Gott, Stuttgart 1998, 105.

Den Blick jedoch richtet sie nicht auf das Buch, sondern rückwärts, auf ihr Kind, das sich, von Josef gehalten, an ihren Hals hängt. Seltsamerweise aber lächelt Maria dem Kind nicht zu; ihre Augen schauen fragend, der Blick ist vielleicht sogar ratlos. Interessant ist jenes Detail, das die Gottesmutter wohl zum Staunen bringt: An der Stelle nämlich, wo ihr Finger die Bibel berührt, ist die Schrift verschwunden. Offenbar hat sie noch immer nicht verstanden (vgl. Lk 2,50!), dass den Sinn der Schrift nur versteht, wer sie von Jesus her und auf Jesus hin auslegt.

Judas
oder
Gerechtigkeit für einen Sündenbock

Nach wie vor ist das Missverständnis weitverbreitet, dass die Menschheit nur »durch das kostbare Blut Jesu« – also durch seinen Tod am Kreuz – erlöst werden konnte. Jesus musste am Kreuz sterben, um das Erlösungsgeschehen zur Vollendung zu bringen. Was wiederum impliziert, dass Jesu Kreuzestod in Gottes Heilsplan vorgesehen war. Und wie hätte Jesus die Menschheit erlösen können, wenn Judas nicht zum Verräter geworden wäre?

Zunächst nur so viel: Zum Erlösungswerk Jesu gehört nicht bloß sein Kreuzestod, sondern auch sein ganzes Leben und Lehren, sein Wirken und Handeln, sein Beispiel und sein Leiden.

Warum Jesus sterben »musste«

Warum ist Jesus am Kreuz gestorben? Ein Großteil der Christinnen und Christen wird auf diese Frage vermutlich antworten: Um Genugtuung zu leisten für die Schuld, die seit dem Sündenfall der Stammeltern auf dem Menschengeschlecht lastete, und um dieses so wiederum mit Gott zu versöhnen.

Also wollte Gott, dass Jesus starb? Wer diese Frage bejaht, macht Gott zum Henkersknecht. Tatsächlich ist es schwer vorstellbar, dass Gott seinen Sohn gesandt hat, damit er am Kreuz hingerichtet würde, sondern damit seine Landsleute ihn auf- und seine Botschaft annehmen würden. Nie und nimmer kann es in Gottes Absicht liegen, dass ein Mensch des Menschen Opfer wird.

Allerdings betont das Neue Testament wiederholt, dass Jesu Leiden und Tod in Gottes Heilsplan vorgesehen waren – so etwa wenn der Auferweckte den verzweifelten Emmauspilgern Nachhilfeunterricht erteilt: »*Musste* nicht der Christus das erleiden, und so in seine Herrlichkeit gelangen? – Und er legte ihnen dar, ausgehend von Mose und allen Propheten, was in der gesamten Schrift über ihn geschrieben steht« (Lk 24,27). Offensichtlich handelt es sich hier (wie auch an zahlreichen anderen Stellen) lediglich um einen Erklärungsversuch (unter anderen![49]), den der *Evangelist* dem Auferstandenen in den Mund legt.

In diesem Zusammenhang ist zu bedenken, dass die frühchristliche Deutung bestimmter Ereignisse mittels Zitaten aus der Hebräischen Bibel eine zur Zeit der Evangelisten gängige rabbinische Methode darstellte. In der Theologie spricht man diesbezüglich von einer *relecture*. Wäre das Schicksal Jesu (und damit die Erlösungs- und Heilsgeschichte) anders verlaufen, hätten die neutestamentlichen Schriftsteller eben andere Texte zitiert, um zu »beweisen«, dass der Nazarener der erwartete Messias sei.

Gott wollte nicht, dass Jesus starb. Wenn Menschen einander umbringen, missbrauchen sie ihre Freiheit und handeln entgegen seinen Absichten. Dass Jesus den Kreuzestod erlitt, ist nicht auf Gottes Willen, sondern auf das Fehlverhalten von Menschen zurückzuführen.

Daraus folgt, dass dieser Tod nicht notwendig war, um die Menschheit zu erlösen – was logischerweise einschließt, dass es auch keinen Verräter brauchte.

Jesus »musste« am Kreuz sterben, weil er seiner Sendung treu blieb und deswegen bei den tonangebenden Zeitgenossen auf Ablehnung stieß.

Auf überaus eindrückliche Art kommt das auf einem Glasfenster aus dem Jahre 1335 in der rund 10 Kilometer von Celle entfernten Klosterkirche von Wienhausen zum Ausdruck. Es zeigt den Gekreuzigten umgeben von Gestalten, die jene Tugenden versinnbildlichen, um derentwillen er hingerichtet wurde: Gerechtigkeitssinn, Friedensbereitschaft, Barmherzigkeit und Wahrheits-

---

49 Dazu ausführlich: J. Imbach, Ist Gott käuflich? Die Rede vom Opfertod Jesu auf dem Prüfstand, Gütersloh 2011.

liebe. Irritierend wirkt auf den ersten Blick eine fünfte allegorische Figur zwischen Maria und dem Apostel Johannes, die dem am Kreuz Hängenden ein Schwert in die Seite stößt und von ihm gleichzeitig mit einem Arm umfangen wird. Es handelt sich um die Caritas. Damit bringt der Künstler zum Ausdruck, dass Jesus hingerichtet wurde, weil er Gottes vorbehaltlose Liebe und Barmherzigkeit verkündete.

Nicht aufgrund äußerlicher Leistungen (wie man damals im Judentum weithin glaubte) wird der sündige Mensch mit Gott versöhnt, sondern indem er seinen Sinn ändert und sich zur Umkehr entschließt. Diese Frohbotschaft von Gottes unbedingter Liebe hat Jesus in die Praxis umgesetzt. Die umkehrwilligen Sünder und Sünderinnen ließ er Gottes Vergebung spüren, ohne auf den damals üblichen Sühneleistungen zu bestehen. Er hielt mit Ausgestoßenen Mahlgemeinschaft und gab ihnen so zu verstehen, dass auch sie zu den Söhnen und Töchtern Abrahams gehörten (vgl. Lk 19, 9). Eine solche Haltung galt als *die* Häresie schlechthin. Deshalb beschlossen die Anführer des Volkes, Jesus zu eliminieren und so das bestehende religiöse System zu retten.

Indem der Gottmensch Jesus Christus seiner Sendung treu bleibt, zeigt er, dass Gottes Liebe bis zur totalen Selbstentäußerung reicht.

Jesu Tod ist allerdings nicht nur eine Folge äußerer Umstände, sondern gleichzeitig – weil Gott in ihm sich hingibt – Ausdruck göttlicher Liebe, die keine Grenzen kennt. In diesem Sinn kann man das Kreuz als Höhepunkt des Erlösungsgeschehens bezeichnen. Zu diesem Erlösungsgeschehen aber gehören nicht nur Jesu Leiden und Tod, sondern sein ganzes Leben, seine Verkündigung und die Verheißung seiner Wiederkunft am Ende der Zeiten.

Zunehmend mehr verteufelt

Wenden wir uns nun wieder der Gestalt des Judas zu! Was wissen wir über ihn?

Beginnen wir mit dem Ende, also mit seinem Tod. Davon ist nur im Matthäusevangelium und in der Apostelgeschichte die Rede. Wer die beiden Erzählungen miteinander vergleicht, wird zunächst seiner Brille nicht trauen.

Beide Versionen stimmen darin überein, dass Judas starb – und dass aus dem Geld, das er von den Hohepriestern erhielt, ein Acker gekauft wurde, der dann als »Blutacker« bezeichnet wird.

Dem Matthäusevangelium zufolge erwarben *die Hohepriester* diesen Acker; die Apostelgeschichte hingegen nennt *Judas* als Käufer. Der gravierendste Unterschied zwischen beiden Darstellungen bezieht sich aber auf die Umstände, unter denen Judas aus dem Leben schied. Das Matthäusevangelium behauptet, dass er sich *erhängte*. Die Apostelgeschichte hingegen weiß zu berichten, dass er nach dem Kauf eines Ackers *tödlich verunfallte*.

Unter welchen Umständen Judas zu Tode kam, lässt sich aufgrund des neutestamentlichen Befunds nicht ermitteln. Die Berichte sind zu widersprüchlich.

Historisch lässt sich über den Apostel, der bis heute als Verräter gilt, noch Folgendes sagen: Als Erster verfällt ein gewisser *Markus* Anfang der Siebzigerjahre auf den Gedanken, ein Evangelium zu verfassen. Auf Judas kommt er in vier verschiedenen Textabschnitten zu sprechen: Berufung der Zwölf (Mk 3,13–19); Vorbereitung der Auslieferung Jesu (Mk 14,10–11); Vorhersage der Auslieferung (Mk 14,18–21); Gefangennahme Jesu (Mk 14,43–52).

Alle diese Texte beinhalten vom Evangelisten redaktionell überarbeitetes Überlieferungsgut.

Sicher ist: Judas ist »einer der Zwölf«. Auffallend ist, dass Markus das Tun des Judas acht Mal konsequent mit dem griechischen Verb *paradidónai* umschreibt (Mk 3,19; 14,10.11.18.21.41.42.44). *Paradidónai* hat viele Bedeutungen, nämlich *überliefern, übergeben, ausliefern, überantworten, verraten*. In den Übersetzungen wird der Begriff fast immer mit *verraten* wiedergegeben.

Markus zufolge ist es Judas, der die *Auslieferung* oder *Überantwortung* Jesu initiiert. Nicht die Hohepriester kommen auf ihn zu; vielmehr »geht er zu ihnen« (Mk 14,10) und sucht das Gespräch. Was Judas zu seinem Vorgehen gegen Jesus bewegt, *wird nicht gesagt*; sicher ist es *nicht das Geld*, wie *erst später* im Matthäus- (Mt 26,15) und im Johannesevangelium (Joh 12,6) behauptet wird. Gemäß dem Markusevangelium sind es *die Hohepriester*, die Judas *nachträglich* versprechen, ihm Geld zu geben. In Getsemani geht Judas »sogleich« auf Jesus zu und identifiziert ihn mit einem Kuss (Mk 14,45). Diese Szene wird später von Matthäus und von Lukas übernommen, denen das Markusevangelium als Vorlage dient. Die Mehrheit der Exegeten und Exegetinnen ist der Ansicht, dass es sich bei dieser Schilderung nicht um eine historische Erinnerung, sondern um eine Legendenbildung handelt.

Bezüglich des Markusevangeliums kann man festhalten, dass der Verfasser eine ihm vorliegende Geschichte aufgreift. Den unscharfen Begriff *paradidónai* (überantworten, überliefern, ausliefern) übernimmt er, ohne ihn zu interpretieren. Leider ist nur wenig von der markinischen Gemeinde bekannt, doch scheint hier das Problem der Jesusabkehr angesprochen. Möglicherweise haben sich einzelne Gemeindemitglieder zurückgezogen oder haben ihrem Glauben abgeschworen. Ihnen stellt der Evangelist Judas als abschreckendes Beispiel vor Augen.

Matthäus lehnt sich in seiner Erzählung stark an Markus an. Die Episode vom Ende des Apostels (Mt 27,3-10) übernimmt er aus einer Überlieferung, die Markus offensichtlich nicht kannte.

Erst Matthäus stempelt Judas zum Geldmenschen. Während in der Markusvorlage die Hohepriester Judas *nach dem Verrat* freiwillig mit Geld entlohnen, ist es nun die Habsucht, die Judas zum Verrat treibt! Mit dreißig Silberlingen gibt er sich zufrieden. Das ist keine historische Aussage. Vielmehr verhält es sich so, dass der Evangelist beim Propheten Sacharja fündig wird (Sach 11,12), wo Jahwe einen Lohn von 30 Silberstücken erhält – das ist ein Spottgeld, welches dem Buch Exodus (Ex 21,32) zufolge dem Eigentümer eines Sklaven zu zahlen ist, wenn dieser von einem Rind getötet wurde. Indem der Evangelist auf diese Schriftstelle zurückgreift, will er damit sagen, was Jesus für Judas bedeutet: nämlich praktisch nichts.

Matthäus 27,3	Sacharja 11,12–13
Als nun Judas, der ihn ausgeliefert hatte, sah, dass Jesus verurteilt war, reute ihn seine Tat. Er brachte den Hohepriestern und den Ältesten die **dreißig Silberstücke** zurück.	*[Der Prophet Sacharja hütet im Auftrag Gottes die Herde (= das Volk Israel); doch die »Schafhändler« (= die Religionsbeamten) hören nicht auf ihn. Da sagt der Prophet zu ihnen:]* Wenn es recht ist in euren Augen, so bringt mir meinen Lohn, wenn aber nicht, so lasst es! Da wogen sie mir meinen Lohn ab, **dreißig Silberstücke**. *[Der Prophet ist entrüstet über den geringen Lohn; für diesen Betrag nämlich kann man dem Buch Exodus zufolge (21,32) einen Sklaven kaufen!]* Da sagte der Herr zu mir: Wirf ihn dem Schmelzer hin, den wertvollen Preis [was ironisch gemeint ist], den ich ihnen wert bin. Und ich nahm die dreißig Silberstücke und warf sie im Haus des Herrn dem Schmelzer hin.

Dass einzig der Verfasser des Matthäusevangeliums von Judas' Reue und von dessen Selbstmord weiß, wurde bereits gesagt – und auch, dass diese »Nachricht« keine ist, sondern in den Bereich der Legendenbildung gehört.

Zusammenfassend lässt sich sagen, dass auch Matthäus wie schon Markus bei seiner Ausgestaltung der Judasgeschichte nicht den Apostel, sondern seine Gemeinde im Auge hat. Indem er Judas als Schacherer darstellt, nennt er (was bei Markus fehlt) ein *Motiv* für den Verrat, nämlich Geldgier.

Lukas, ein gebildeter Heidenchrist, der vermutlich in Griechenland oder Kleinasien zu Hause ist, lehnt sich ebenfalls stark an das Markusevangelium an, fügt aber gleichzeitig weiteres Über-

Simon von Taisten, Letztes Abendmahl. Ägydiuskirche in Mittelolang (Südtirol). 1481. Zumeist wird Judas ohne Heiligenschein dargestellt. Gelegentlich aber ist er wie hier mit einem schwarzen Unheiligenschein ausgestattet. Foto: I. Casutt © J. Imbach.

lieferungsgut hinzu. Natürlich kommt er gleich am Anfang zur Sache. Hatte Markus in diesem Zusammenhang noch geschrieben, dass Judas Jesus »überliefern« würde, heißt es jetzt, dass der Mann aus Kariot später an Jesus zum »Verräter« (*prodótäs*) wurde (Lk 6,16). Das *Überliefern* bei Markus ist inhaltlich offen; es lässt die Deutung zu, dass Judas als schuldloses Werkzeug eines göttlichen Heilsplanes betrachtet werden kann. Der Begriff *Verräter* hingegen lässt keinen Zweifel daran, dass es sich um eine moralisch verwerfliche Tat handelt. Konsequent verändert Lukas den Markus-Text. »Der Satan ergreift Besitz« von Judas, der sich mit den Hohepriestern »berät«, wie er Jesus »ausliefern« kann. Diese »kommen mit ihm überein, ihm Geld zu geben« (Lk 22,3–5). Wohl spielt das Spitzelgeld auch hier eine Rolle, ist aber nicht das Motiv für den Verrat (wie bei Matthäus). Lukas stempelt Judas zum Werkzeug Satans.

Markus 14,10–11	Matthäus 26,14–16	Lukas 22,3–6
		Da fuhr der Satan in Judas, genannt Iskariot, der zu den Zwölf gehörte.
Judas Iskariot, einer der Zwölf, ging zu den Hohepriestern. Er wollte Jesus an sie ausliefern. **Als sie das hörten, freuten sie sich und versprachen, ihm Geld dafür zu geben.**	Darauf ging einer der Zwölf namens Judas Iskariot zu den Hohepriestern und sagte: **Was wollt ihr mir geben, wenn ich euch Jesus ausliefere? Und sie boten ihm dreißig Silberstücke.**	Judas ging zu den Hohepriestern und den Hauptleuten **und beriet mit ihnen,** wie er Jesus an sie ausliefern könnte. **Da freuten sie sich und kamen mit ihm überein, ihm Geld zu geben.**
Von da an suchte er nach einer günstigen Gelegenheit, ihn auszuliefern.	Von da an suchte er nach einer Gelegenheit, ihn auszuliefern.	Er sagte zu und suchte nach einer günstigen Gelegenheit, ihn an sie auszuliefern, ohne dass das Volk es merkte.

Rückblickend kann man sagen, dass Lukas sich der Gestalt des Judas bedient, um seine Gemeinde zu belehren und zu ermahnen. Wie Judas können alle zu Verräter werden.

Wie schon Lukas weist auch der Verfasser des *Johannesevangeliums* relativ früh darauf hin, wes Geistes Kind Judas seiner Ansicht nach ist. Am Ende der großen Rede vom Himmelsbrot wendet sich Jesus an seine Jünger mit den Worten: »Habe ich nicht euch, die Zwölf, erwählt? Und doch ist einer von euch ein Teufel« (Joh 6,70). Die Salbungsszene in Betanien dient dem vierten Evangelisten dazu, Judas als Geizhals zu charakterisieren; später bezeichnet er ihn als Dieb und als Beute Satans: »Als Judas den Bissen genommen hatte, fuhr der Satan in ihn. Jesus sagte zu ihm:

Meister Leonhard von Brixen, Letztes Abendmahl. Um 1475. Pfarrkirche St. Nikolaus in Klerant bei Brixen. Der Künstler zeigt, wie der Teufel von Judas Besitz ergreift, als er den »Bissen« entgegennimmt.
Foto: I. Casutt
© J. Imbach.

Was du tun willst, das tue bald« (Joh 13,27). Aus dem Zusammenhang geht klar hervor, dass es sich bei dem »Bissen« nicht um die Eucharistie handelt; im Johannesevangelium fehlt ja außerdem der Einsetzungsbericht zum Abendmahl gänzlich.

Der Fisch, den Judas hinter seinem Rücken versteckt hält, symbolisiert Jesus, den Judas den Hohepriestern »überbringen« wird. Aus den Anfangsbuchstaben eines griechischen Glaubensbekenntnisses ergibt sich das Wort *ichthys* (Fisch). Auf diesem Weg wurde der Fisch zu einem Christussymbol.

*I*äsous	Jesus
*Ch*ristos	Christus
*TH*eou	Gottes
'*Y*ios	Sohn
*S*oter	Retter/Erlöser

Bei der Gefangennahme Jesu ist Judas dabei; er hat die »Soldaten und die Gerichtsdiener der Hohepriester und der Pharisäer« (Joh 18,3) geholt. Von einem Judaskuss weiß der vierte Evangelist nichts. Der Handelnde ist Jesus; ohnmächtig stürzen die Soldaten vor ihm zu Boden – ein Zeichen dafür, dass Jesus sich *freiwillig* in ihre Hände begibt. Von Judas ist in den restlichen Kapiteln des

Johannesevangeliums denn auch gar nicht mehr die Rede. Er verschwindet ganz einfach, im Dunkel der Geschichte.

Was wir von Judas wirklich wissen

Wie alle in den Evangelien geschilderten Ereignisse aus dem Leben Jesu, wollen auch die Judas-Episoden die Leserschaft zum Glauben an Jesus als den Christus motivieren. Geschildert werden nicht einfach historische Tatbestände, sondern theopädagogisch eingefärbte Überlieferungen.

Deshalb ist aus historischer Perspektive herzlich wenig über Judas bekannt.

Judas stammte wohl aus Kariot in Judäa. Wenn man seinem Namen überhaupt eine Information entnehmen kann, dann höchstens die, dass er vermutlich aus einer traditionsbewussten Familie kam, die dem Sohn den beliebten und verbreiteten Patriarchennamen Jehuda gab. Der Beiname *Iskariot* verweist auf die geografische Herkunft und dient gleichzeitig dazu, ihn von »Judas, dem Sohn des Jakobus« (Apg 1,13 und Lk 6,16) zu unterscheiden. Jesus hat Judas in seine Nachfolge berufen und ihn in den Zwölferkreis aufgenommen, der entsprechend der Absicht des Mannes aus Nazaret das endzeitliche Zwölf-Stämme-Volk Israel repräsentieren sollte.

Während der letzten Tage in Jerusalem und im Zusammenhang mit der Verhaftung Jesu spielte Judas eine unrühmliche, vielleicht aber auch bloß eine undurchsichtige Rolle.

Offenbar hat er sich von Jesus abgewandt und auf irgendeine, sei es auch noch so unscheinbare Weise dazu beigetragen, dass die nächtliche Verhaftung Jesu am vertrauten Aufenthaltsort gelang, ohne viel Aufsehen zu erregen. Was ihn zu dieser Verhaltensweise motivierte, liegt für uns im Dunkeln. Markus äußert sich dazu nicht. Matthäus *unterstellt* ihm Habsucht und Geldgier; aber dafür gibt es eigentlich keinerlei Anhaltspunkte. Lukas und Johannes bringen den Teufel ins Spiel – dies ist ebenfalls *lediglich ihre* Hypothese. Möglicherweise (damit bewegt man sich ebenfalls im Hypothetischen!) waren enttäuschte messianische Erwartungen der (oder ein?) Grund. Diese Vermutung stützt sich auf die Tatsache, dass Jesus seine messianische Sendung (im Gegensatz zu den Hoffnungen mancher seiner Zeitgenossen) nicht politisch im Sinne einer Befreiung Israels von der römischen Herrschaft verstand.

Dem Zeugnis der Evangelien zufolge verloren nach Jesu Kreuzestod die übrigen Apostel den Glauben an ihn und verzogen sich nach Galiläa. Später fanden sie aufgrund ihrer Erfahrungen mit dem Auferweckten zum Glauben, dass Jesus der erwartete Messias war. Judas indessen scheint eigene Wege gegangen zu sein und sich vom Zwölferkreis distanziert zu haben. Offenbar betrachtete er den Bruch mit der Jesusbewegung als endgültig, ohne dass dies notwendigerweise eine Abwendung vom Gott Israels oder vom Glauben seines Volkes implizierte.

Die christliche Gemeinde verlor ihn in kürzester Zeit aus den Augen. Was blieb, war die Erinnerung an ihn, und, damit vermischt, vieldeutiges Gerede und vage Gerüchte über die Rolle, die er anlässlich der Verhaftung Jesu gespielt hatte.

Wann und wie Judas wirklich gestorben ist, wusste zur Zeit der Abfassung der Evangelien niemand mehr. Gerade deswegen konnten sich um seine Gestalt und seinen Tod so viele Geschichten ranken.

Das Ergebnis dieser historischen Rückfrage wirkt naturgemäß ernüchternd. Wen das enttäuscht, mag sich von der Lektüre von Jesusromanen weitere Erkenntnisse erhoffen. Deren Autorinnen und Verfasser aber gehen im Grund nicht anders vor als die Evangelisten. Die greifen auf Erzählgut zurück, das sie dann theologisch interpretieren. Mit Historizität hat das allenfalls am Rand etwas zu tun.

Nicht zuletzt aufgrund dieser theologischen Spekulationen ist es innerhalb der Kirche zu Fehlentwicklungen gekommen, die sich für das jüdische Volk katastrophal auswirkten. So vertrat Papst Gelasius I. (492–496) die Meinung, dass in der Bibel oft ein Teil fürs Ganze stehe, sodass »Judas, der Teufelsgehilfe, seinen verruchten Namen dem ganzen Judenvolk vererbt hat«.

Anonymer Brixener Meister, Jesus im Garten Getsemani. Detail. Jakobskirche im südtirolischen Afers. 15. Jahrhundert. Judas ist bei der Verratsszene mit einem veritablen Heiligenschein ausgestattet.
Foto: I. Casutt
© J. Imbach.

Schon allein dieses Beispiel zeigt, dass die Beurteilung der Judasfigur Nüchternheit erfordert. Nur so können jene »theologischen« Missinterpretationen abgebaut werden, die bis heute verheerende Auswirkungen zeitigen. Das bedeutet nicht, dass Judas um jeden Preis von jeglicher Verfehlung freigesprochen werden muss. Ebenso wenig wie für eine Anklage geben die Evangelien für einen Freispruch her.

Was Judas im Zusammenhang mit Jesu Verhaftung unternommen hat, wissen wir nicht und können es nicht wissen. Aber eines wissen wir: Was auch immer damals geschah, gehandelt hat nicht ein dämonischer Unhold, sondern ein Mensch, zu dessen Wesen es gehört, zu suchen und zu irren. Solange wir dieses Recht für uns in Anspruch nehmen, können wir es anderen nicht versagen.

Ehrenrettung einer großen Liebenden
oder
Wie aus der Magdalenerin eine »Frau mit Vergangenheit« wurde

Aus dem Halbdunkel des Hintergrunds richten drei Männer den Blick auf den Auferstandenen, gebannt von der Gestalt seiner Erscheinung.[50]

Der Titel des Gemäldes, *Jesus und die reuigen Sünder*, erleichtert deren Identifikation. Der erste umfasst ein Kreuz; das muss der bekehrte Schächer sein. Der mit der Stirnlocke ist Petrus, der seinen Lehrer verleugnete und diese Tat später bitter beweinte. Den mittleren weist eine Krone als König aus: David, der sich an Batseba, der Frau seines Feldherrn Urija, verging und diesen

Peter Paul Rubens, Christus und die reuigen Sünder. Mittelteil des Epitaphs des Antwerpener Bürgermeisters Rockox. Um 1618. Bayerische Staatsgemäldesammlungen – Alte Pinakothek München, www.sammlung.pinakothek.de/de/bookmark/artwork/y7GEvNK4PV

---

50 Dieses Kapitel, hier in überarbeiteter Form, wurde bereits veröffentlicht in: Intrigen, Sex und Totschlag in der Bibel, Patmos Verlag, Ostfildern 2017.

anschließend in den Tod schickte. Das Kunstwerk stammt von Peter Paul Rubens und ist so konzipiert, dass man die drei Männer kaum wahrnimmt. Im Mittelpunkt steht nicht etwa die Lichtgestalt des auferweckten Jesus, sondern eine vor ihm kniende Frau, die sich in üppiger Schönheit präsentiert: Maria Magdalena. Hals, Schultern, Rücken und Arme sind nackt. Ein luftiges Gewand enthüllt den sinnlichen Körper mehr, als dass es ihn bedeckt. Die Hände hält die Frau über dem Busen gekreuzt, wobei sie den Zeige- und Mittelfinger der linken Hand so spreizt, dass der Blick unweigerlich auf die aufgerichtete Brustwarze gelenkt wird.

Diese Gestalt gleicht auf den ersten Blick eher einer Buhlerin als einer Heiligen. Die einen werden an dieser Magdalena vielleicht Anstoß nehmen. Für die anderen verkörpert die laszive Reuerin all das, wovor sie sie eigentlich bewahren sollte. Angesichts dieser *femme fatale* empfinden sie kein Bedauern über die eigenen Verfehlungen; eher schon bereuen sie, die eine oder andere Gelegenheit verpasst zu haben. Der Darstellung haftet nichts Unzüchtiges an, aber auf geradezu unerhörte Weise vermag sie trotzdem die Fantasie zu stimulieren und reizt damit genau das, was das Thema des Gemäldes zu bekämpfen vorgibt: die Erotik. Gleichzeitig schafft Rubens es auf raffinierte Weise, die berüchtigte Alternative Hure oder Heilige zugunsten eines Sowohl-als-auch zu überwinden. Wenn man dazu noch bedenkt, dass die Mode zu Beginn des 17. Jahrhunderts, zur Zeit der Entstehung dieses Gemäldes, die adeligen Damen dazu zwang, ihre natürlichen Körperformen unter Reifröcken und Halskrausen zu verbergen, während die bürgerlichen Frauen ihre Weiblichkeit unter mantelartigen Überkleidern zu verstecken hatten, kann kein Zweifel daran bestehen, dass ein »religiöses« Kunstwerk hier dazu dient, eine gewisse Erotik zu vermitteln.

Das Unerhörte an dieser ganzen Sache ist, dass kein einziger Evangelist behauptet oder auch nur unterstellt, dass Maria aus Magdala eine stadtbekannte Prostituierte oder Kurtisane war. Ebenso wenig gibt es Anhaltspunkte dafür, dass sie ihr Leben als Büßerin beendete, wie die Legende forsch behauptet.

Zur Sünderin gestempelt

Die Legende! Damit ist ein Stichwort gefallen, das in den überlieferten Lebensgeschichten der Heiligen eine nicht zu unterschätzende Rolle spielt. Gerade am Beispiel der Magdalenerin lässt sich auf exemplarische Weise aufzeigen, wie Traditionen entstehen und später als Tatsachen verkleidet durch die Jahrhunderte promenieren.

Über Maria aus Magdala wissen die Evangelisten nur wenig zu berichten, aber dieses Wenige ist vielsagend. Lukas erwähnt, dass Maria Jesus wenigstens zeitweise auf seiner Mission begleitete und ihn und die Seinen materiell unterstützte. Es lohnt sich, den betreffenden Abschnitt zu zitieren, weil aus ihm hervorgeht, was oft übersehen wird, nämlich dass Jesus nicht nur Jünger, sondern auch Jüngerinnen um sich scharte. Damit bekundet er, dass er die unter seinen Zeitgenossen verbreitete Ansicht von der geistigen und moralischen Minderwertigkeit der Frau nicht teilt:

> Er [Jesus] wanderte von Stadt zu Stadt und von Dorf zu Dorf und verkündete das Evangelium vom Reich Gottes. Die Zwölf begleiteten ihn, und auch einige Frauen, die von bösen Geistern und von Krankheiten geheilt worden waren: Maria, genannt Magdalena, aus der sieben Dämonen ausgefahren waren, Johanna, die Frau des Chuzas, eines Beamten des Herodes, Susanna und viele andere. Sie unterstützten Jesus und die Jünger mit ihrem Vermögen (Lk 8,1–3).

Wenn hier gesagt wird, dass Jesus einige Frauen von Geistern befreite, sind darunter möglicherweise Krankenheilungen zu verstehen, da man damals viele Leiden, deren Ursachen man nicht kannte, auf den Einfluss von Dämonen zurückführte.[51]

---

51 Zu den »Dämonen«, von denen Magdalena befreit wurde vgl. auch Markus 16,9. Wobei zu bedenken ist, dass die letzten Verse des Markusevangeliums (Mk 16,9–20) von anderer Hand hinzugefügt wurden, und zwar von jemandem, der das Lukasevangelium kannte.

Bei Markus gehört Maria Magdalena zu jenen Frauen, die nicht nur bei der Kreuzigung Jesu, sondern auch bei seiner Grablegung anwesend sind und später die Botschaft von seiner Auferstehung bezeugen (Mk 15,40–41 und 47). Dass die Verfasser des Matthäus- und des Lukasevangeliums (Mt 27,55–56.61; Lk 23,49 und 55 [vgl. 8,2–3!]; 24,10) darin übereinstimmen, liegt daran, dass der Markustext ihnen als wichtigste Quelle und Vorlage diente.

Auch dem Johannesevangelium zufolge ist Maria aus Magdala bei der Kreuzigung Jesu dabei (Joh 19,25), nicht aber bei der Grablegung. Außerdem begibt sie sich dort nicht nur als Erste, sondern vorerst als Einzige zum Grab Jesu, wo ihr vor allen Jüngern und Jüngerinnen das Geschenk einer Erscheinung des auferweckten Christus zuteilwird.

> Am ersten Tag der Woche kam Maria von Magdala frühmorgens, als es noch dunkel war, zum Grab und sah, dass der Stein vom Grab weggenommen war. [...] Maria aber stand draußen vor dem Grab und weinte. Während sie weinte, beugte sie sich in die Grabkammer hinein. Da sah sie zwei Engel in weißen Gewändern sitzen, den einen dort, wo der Kopf, den anderen dort, wo die Füße des Leichnams Jesu gelegen hatten. Diese sagten zu ihr: Frau, warum weinst du? Sie antwortete ihnen: Sie haben meinen Herrn weggenommen und ich weiß nicht, wohin sie ihn gelegt haben. Als sie das gesagt hatte, wandte sie sich um und sah Jesus dastehen, wusste aber nicht, dass es Jesus war. Jesus sagte zu ihr: Frau, warum weinst du? Wen suchst du? Sie meinte, es sei der Gärtner, und sagte zu ihm: Herr, wenn du ihn weggebracht hast, sag mir, wohin du ihn gelegt hast! Dann will ich ihn holen. Jesus sagte zu ihr: Maria! Da wandte sie sich um und sagte auf Hebräisch zu ihm: Rabbuni!, das heißt: Meister. Jesus sagte zu ihr: Halte mich nicht fest; denn ich bin noch nicht zum Vater hinaufgegangen. Geh aber zu meinen Brüdern und sag ihnen: Ich gehe hinauf zu meinem Vater und eurem Vater, zu meinem Gott und eurem Gott. Maria von Magdala kam zu den Jüngern und verkündete ihnen: Ich habe den Herrn gesehen. Und sie berichtete, was er ihr gesagt hatte (Joh 20,1.11–18).

Diese Episode ist so ergreifend, dass sie die Künstler immer wieder zu neuen Darstellungen inspirierte. Aber für eine Biografie der Frau aus Magdala gibt sie wenig her. Historisch daran ist allenfalls der Grabgang. Literarkritisch betrachtet handelt es sich bei dieser Szene nicht um einen Tatsachenbericht, sondern um eine Offenbarungs- oder Erscheinungsgeschichte, die der Evangelist vorgefunden und in seine Schrift eingearbeitet hat.

Die spärlichen Nachrichten der Evangelien erlauben es nicht, die Lebensgeschichte der Magdalenerin zu rekonstruieren, und schon gar nicht, sie mit dem Rotlichtmilieu in Verbindung zu bringen. Dennoch wurde diese Frau schon früh Opfer eines bedauernswerten Missverständnisses und damit gleichzeitig eine ideale Projektionsfigur für frauenverachtende Männerfantasien *und* für emanzipatorische Frauenträume. Wie kam es dazu?

Einer rabbinischen Überlieferung zufolge soll das Städtchen Magdala wegen »Hurerei« untergegangen sein.[52] Das mag mit ein Grund sein, warum die aus diesem Ort stammende Maria schon bald mit der anonymen Sünderin gleichgesetzt wurde, von der Lukas erzählt, kurz bevor er auf Jesu Jüngerinnen zu sprechen kommt.

> Als nun eine Sünderin, die in der Stadt lebte, erfuhr, dass er [Jesus] im Haus des Pharisäers [Simon] bei Tisch war, kam sie mit einem Alabastergefäß voll wohlriechenden Öls und trat von hinten an ihn heran. Dabei weinte sie, und ihre Tränen fielen auf seine Füße. Sie trocknete seine Füße mit ihrem Haar, küsste sie und salbte sie mit dem Öl. Als der Pharisäer das sah, dachte er: Er müsste wissen, was das für eine Frau ist, von der er sich berühren lässt (Lk 7,37–39).

Den vorwurfsvollen Blick Simons kontert Jesus mit dem berühmten Ausspruch: »Ihr sind ihre vielen Sünden vergeben, weil sie viel geliebt hat« (Lk 7,47). Zu der Reminiszenz, dass die Stadt Magdala angeblich wegen Unzucht der Bevölkerung zugrunde ging,

---
52 Vgl. R. Wind, Maria – aus Nazareth, aus Bethanien, aus Magdala. Drei Frauengeschichten, Gütersloh 1996, 77.

und zu der missverstandenen Äußerung Jesu, dass die Frau, die ihn im Haus des Simon umhegte, »viel liebte«, passt natürlich jene Bemerkung, die Lukas wenige Zeilen später fallen lässt, nämlich dass die Magdalenerin von sieben Dämonen befreit wurde (Lk 8,2). Deshalb lag es nahe, die namenlose Sünderin, die Jesus im Haus des Pharisäers aufsuchte, mit Maria aus Magdala zu identifizieren.

Den entscheidenden Ausschlag für diese Gleichsetzung gab ein Passus, der sich einzig im Johannesevangelium findet. Dort ist nachzulesen, wie Jesus bei Lazarus von Betanien und dessen beiden Schwestern Marta und Maria zu Gast weilt. Während Marta bei Tisch bedient, salbt *Maria* Jesu Füße mit einem ganzen Pfund kostbarsten Nardenöls und trocknet sie anschließend mit ihrem Haar (Joh 12,3). Die Ähnlichkeit zwischen dieser Szene und der Episode im Haus des Pharisäers Simon vor allem hat dazu beigetragen, dass man in der reumütigen Frau aus dem Lukasevangelium die Schwester des Lazarus erkannte; aus Maria von Magdala wurde Maria von Betanien. Angesichts solcher Kombinationsfreudigkeit ringt die pedantische *Historia* verzweifelt die Hände; für sie stellt sich die Frage, wie man dazu kam, die Herkunft einer stadtbekannten Sünderin von zwei verschiedenen Städten herzuleiten.

Heute ist bekannt, dass dabei ein Papst, nämlich Gregor der Große († 604), seine Finger im Spiel hatte. Der ließ sich von seinem Forscherdrang dazu verlocken, in einer Predigt ein paar pikante Details mit frommen Spekulationen zu kombinieren, welche die redselige *Legenda* bereitwillig aufgriff.

> Wir glauben, dass sie, die Lukas ein sündiges Weib, Johannes aber Maria nennt, jene Maria ist, aus der sieben Teufel ausgetrieben wurden. Und was anderes wird durch die sieben Teufel bezeichnet als alle Laster und Fehler insgesamt? Es ist klar, dass das Weib, das zuvor auf schändliches Tun bedacht war, Salben für sich verwandt hatte, um ihrem Leib Wohlgeruch zu verleihen. Was sie also schändlicherweise für sich missbrauchte, das brachte sie nun löblich Gott zum Opfer. Mit ihren Augen hatte sie begehrlich nach Irdischem geschaut, nun aber

zerrieb sie sie im Weinen. Ihre Haare hatte sie zur Zierde ihres Antlitzes verwandt, nun trocknete sie damit die Tränen. Mit dem Munde hatte sie übermütige Reden geführt, nun küsste sie mit ihm die Füße des Herrn. So viele Ergötzungen sie in sich gehabt, so viele Opfer fand sie nun von sich. Sie kehrte die Zahl ihrer Sünden in die Zahl von Tugenden um, damit so alles an ihr, was in ihrem Sündenleben Gott verachtet hatte, nun ihm in Buße diene.[53]

Entgegen einer verbreiteten Annahme entstammt diese Beschreibung nicht etwa der wilden Fantasie eines zölibatären Klerikers. Der große Gregor denkt nämlich in keiner Weise daran, die Frau zu verteufeln, indem er ihre Lasterhaftigkeit betont. Deutlich geht das aus einem sehr persönlich gehaltenen Brief an eine kaiserliche Kammerfrau hervor, die sich aus Sorge um ihre ewige Seligkeit an ihn wandte, und die der Papst nun mit dem Verweis auf das Beispiel der Magdalenerin tröstet:

Ein Weib, das in den Strudel der Sünde gestürzt war, wird durch die Gnade auf den Schwingen der Liebe in die Höhe getragen. […] Und ich vertraue darauf, dass aus dem Mund der ewigen Wahrheit das gleiche Urteil über Euch gesprochen werde, wie einst über diese heilige Frau.[54]

Mit anderen Worten: Auch die sich meilenweit von Gott entfernt haben, brauchen um ihr Seelenheil nicht zu zittern, wenn sie es nur der »Sünderin« aus Magdala gleichtun und ihre Vergehen bereuen und büßen. Fortan wird die Magdalenerin geradezu zum Prototyp des sündigen Menschen, dem trotz aller nur möglichen Verirrungen die Rettung nicht versagt bleibt. Gleichzeitig wird so verständlich, warum die *Sünderin* Magdalena eine so gewaltige Faszination ausübte: nicht weil hier »eine bestimmte Frau abge-

---
53 Gregor der Große, Homilia XXXIII (Predigt zu Lukas 7), in: Patrologia latina, Bd. 76, 1239; zit. nach Wind, 78f.
54 Gregor der Große, Epistolarum liber VII: Epistola XXV (Brief an Georgia), in: Patrologia latina, Bd. 77, 878.

wertet, sondern weil die Sorge *aller* um ihr Seelenheil entlastet wird«.⁵⁵

Die »Biografie«

Eine Identifikationsfigur von solchem Kaliber verlangt nach einer Biografie. Die Grundelemente dazu meinte man in den Evangelien zu finden. Die Magdalenerin wurde wie gesagt schon früh mit Maria, der Schwester der Marta und des Lazarus, gleichgesetzt. Die aber wohnte in Betanien, während (und diese Überlieferung ließ sich nicht einfach unter den Teppich kehren) Maria aus Magdala stammte. Oder vielleicht doch nicht?

Hier müssen wir etwas weiter ausholen. In den ersten Jahrhunderten galten die Märtyrer und Märtyrerinnen als eigentliche Heilige. In hohem Ansehen standen auch die *Confessores*, die Bekenner und Bekennerinnen, die zu Zeiten der Verfolgung wohl große Unbill, jedoch nicht den Tod erlitten hatten. Mit der Entwicklung der feudalen Gesellschaftsordnung gelangten die Adelsheiligen zu immer größerem Ansehen. Eine fürstliche Herkunft wurde geradezu zu einem »Topos der Heiligenviten«, oftmals immerhin ergänzt durch den Hinweis, dass »der fromme Lebenswandel wichtiger sei als der vornehme familiäre Hintergrund«.⁵⁶

So überrascht es nicht, dass auch die Magdalenerin im Lauf der Zeit auf der sozialen Stufenleiter ein paar Sprossen höher klettert. Als Erster weiß Abt Odo von Cluny, der im 10. Jahrhundert eine große Klosterreform einleitete, von der adeligen Abkunft Marias zu berichten.⁵⁷ Die Begründung für diesen feministischen Ritterschlag zieht er an ziemlich langen Haaren herbei: Herkunftsbe-

---

55 F. Maisch, Maria Magdalena zwischen Verachtung und Verehrung. Das Bild einer Frau im Spiegel der Jahrhunderte, Freiburg Basel Wien 1996, 53.
56 A.a.O., 54.
57 Odo von Cluny, Sermones quinque: Sermo II (Zum Festtag der heiligen Maria Magdalena), in Patrologia latina, Bd. 133, 714.

zeichnungen (»aus Magdala«) würden auf eine noble Abkunft schließen lassen. Der Grund, warum man die selbst in ihrer Buße noch liebreizende Maria in den Adelsstand erhob, war vermutlich ein ganz anderer. Den Hofdamen und Burgfräulein konnte man nämlich nicht zumuten, sich ein biederes Bauernmädchen zum Vorbild zu erwählen.

Nach all dem ist verständlich, dass in der um 1260 entstandenen *Legenda aurea* (der *Goldenen Legende*) die Besitzverhältnisse der Magdalenerin *en détail* geschildert werden, wobei in diesem Zusammenhang auch ihr Herkunftsname eine Erklärung findet:

> Maria Magdalena ist mit Beinamen genannt von der Burg Magdalum. Sie war von gar edler Geburt, denn sie stammte aus königlichem Geschlecht; ihr Vater hieß Syrus und ihre Mutter Eucharia. Mit ihrem Bruder Lazarus und ihrer Schwester Marta besaß sie die Burg Magdalum, die zwei Meilen ist vom See Gennesaret, und das Dorf Betanien, welches nahe bei Jerusalem ist, und auch einen großen Teil der Stadt Jerusalem. Doch teilten sie alles unter sich also, dass Maria Magdalum besaß, davon ihr auch der Name ward; Lazarus den Teil von Jerusalem; Marta aber Betanien. Da nun Magdalena sich ganz der leiblichen Wollust gab, Lazarus aber der Ritterschaft, so nahm Marta sich des Gutes ihrer Geschwister an und regierte es mit großer Weisheit und sorgte für ihre Krieger und Knechte und für die Armen.[58]

Die *Legenda aurea* gehört zu den bekanntesten Sammlungen von Heiligenviten. Verfasst wurde sie von dem Dominikaner und späteren Erzbischof von Genua Jacobus de Voragine, der sich auf ältere Quellen stützte. Das Werk sollte vor allem der Erbauung dienen, kam aber gleichzeitig der im Mittelalter allgemein verbreiteten Sucht nach Wundern und der Lust auf Abenteuer entgegen. Was die Geschichte der Magdalena betrifft, hat der »Biograf« in

---

58 Jacobus de Voragine, Die Legenda aurea. Aus dem Lateinischen übersetzt von R. Benz, Gerlingen [12]1997, 470–482. Dort auch die folgenden Zitate.

ihr so ziemlich alle vereinzelt überlieferten Legendenstränge eingearbeitet.

> Da nun Magdalena überflüssig reich war, und die Wollust allezeit eine Gesellin ist des Reichtums, sah sie ihre Schönheit und ihren Reichtum an und gab sich gänzlich den leiblichen Wollüsten hin, also dass sie ihren eigenen Namen verlor und allein die Sünderin wurde genannt.

Irgendwann begegnet sie im Haus des Pharisäers Jesus, der sich ihrer erbarmt.

> Er nahm sie an zu seiner sonderlichen Freundin und machte sie zu seiner Wirtin und zu seiner Schaffnerin auf dem Weg. Er entschuldigte sie allezeit mit großer Liebe: wider den Pharisäer, der sie unrein hatte genannt; wider ihre Schwester, die sie tadelte wegen ihres Müßiggangs, wider Judas, der sie eine Verschwenderin hieß. Sah er sie weinen, so weinete er auch.

Das Thema von der Seelenfreundschaft zwischen Jesus und der Magdalenerin findet sich in der einen oder anderen Form schon in mehreren apokryphen Schriften der frühchristlichen Zeit. Das um die Mitte des zweiten Jahrhunderts entstandene (nur noch fragmentarisch erhaltene) *Evangelium der Maria [Magdalena]* behauptet gar, dass Jesus Maria »mehr liebte« als alle anderen Jüngerinnen und Jünger.[59] Mit noch präziseren Details wartet das wohl im dritten Jahrhundert in Ägypten verfasste *Philippusevangelium* auf:

> Die Paargenossin Christi ist Maria Magdalena. Der Herr liebte Maria mehr als die Jünger. Und der Herr küsste sie oftmals auf ihren Mund.[60]

---

59 EvMar. Apokryphes *Evangelium der Maria*, 10.
60 W. Schneemelcher (Hg.), Neutestamentliche Apokryphen in deutscher Übersetzung, Bd. 1, Tübingen ⁶1990 (Spruch 55).

Wer mit der gnostischen Literatur der ersten Jahrhunderte vertraut ist, weiß, dass hier nicht auf sexuelle Erlebnisse, sondern auf spirituelle Erfahrungen angespielt wird. Manche Gegenwartsschriftsteller, die wohl die Texte, nicht aber den Sinnzusammenhang kennen, deuten die entsprechenden Stellen meist im Sinn einer erotischen Beziehung – so etwa der Portugiese José Saramago in seinem 1991 erschienenen Jesusroman *O Evangelho secundo Jesus Cristo* (dt. 1993: *Das Evangelium nach Jesus Christus*).

Wenn Jacobus de Voragine daran erinnert, dass »der Herr Maria Magdalena so große Gnade hat getan und so viel Zeichen seiner Liebe hat gegeben«, bezieht er sich auf eine alte Überlieferung.

Nach der Himmelfahrt Jesu, so fabuliert der Genueser Erzbischof weiter, verkauften die drei Geschwister »alles und legten den Erlös zu der Apostel Füßen nieder« (der Satz findet sich wörtlich in der Apostelgeschichte, an jener Stelle, die vom Leben der ersten Christengemeinden handelt; vgl. Apg 4,34–35). In der Folge empfiehlt Petrus Magdalena dem Schutz des seligen Maximinus, der angeblich zu den zweiundsiebzig Jüngern Jesu gehörte (Lk 10,1.17). Zusammen mit diesem und einigen anderen Christen werden die drei Geschwister aus Betanien von den Ungläubigen – gemeint sind die Juden – auf ein steuerloses Schiff gesetzt und ins Meer gestoßen, »auf dass sie allesamt untergingen«. Aber durch Gottes Fügung wird das Schiff gen Massilien (Marseille) getrieben. Dort predigt Maria »Christum mit großer Zuversicht« und erweist sich so als eifrige Apostelin. Aber nicht nur die Nachfolge Jesu, sondern auch Adel verpflichtet. Jedenfalls vermag Magdalena den Fürsten der Stadt mittels eines dreimaligen Traumgesichts zu bewegen, sie, ihre beiden Geschwister und die übrigen Reisegefährten an seinem Hof unterzubringen, wo die Apostelin schon bald das Amt einer Schlossverwalterin übernimmt, hatte sie doch durch ihr Gebet bewirkt, dass die Frau des Fürsten endlich schwanger wurde. Dieser Umstand wiederum bewegt das Herrscherpaar, von Marseille nach Rom zu reisen, um sich beim heiligen Petrus persönlich zu erkunden, »ob das die Wahrheit sei, was Magdalena von Christo predigte«.

Spätestens hier erweckt die *Legenda* den Anschein, als wolle sie beweisen, dass fromme Geschichten zumindest ebenso spannend sind wie profane Erzählungen. Noch während der Überfahrt kommt die Fürstin nieder und stirbt. »Was sollte da der arme Pilgrim tun, da er sein Weib tot liegen sah und sein Kind mit kläglichem Weinen die Brust der Mutter suchen?« Er überredet die Schiffsleute, an einer felsigen Küste anzulegen.

> Und da er wegen der Härte des Steines kein Grab mochte bereiten, brachte er den Leichnam an einen verborgenen Ort des Felsens, bettete ihn auf seinen Mantel, legte den Knaben der Mutter an die Brust und sprach: »O Maria Magdalena, zu meinem Unglück bist du an Messaliens Gestade gelandet! […] Doch habe ich dir alle meine Sache vertraut und vertraue sie noch deinem Gotte. Ist er so gewaltig, so lasse er sich der Mutter Seele befohlen sein und das Leben des Kindes und erbarme sich deiner Fürbitte.« Mit diesen Worten hüllte er den Leichnam und das Kind fest in einen Mantel und stieg darnach wieder auf das Schiff.

In Rom trifft der Fürst auf den heiligen Petrus, der ihn nach Jerusalem bringt, um ihm die heiligen Stätten zu zeigen. Nachdem er »also mit Fleiß von Sankt Peter im Glauben unterwiesen« worden war, verlangte es ihn nach zwei Jahren wieder nach seiner Heimatstadt. Erwartungsgemäss lenkt Gott das Schiff nahe an dem Felsen vorbei, auf der Regent seine tote Frau und sein Kind zurückgelassen hat. Ebenfalls war zu erwarten, dass Maria Magdalena den Knaben auf wundersame Weise behütet hat. Was der übernächste Passus berichtet, wird uns nach allem, was wir bisher erfahren durften, nicht vom Sessel reißen. Vielmehr wären wir regelrecht überrascht, wenn die Fürstin jetzt, nachdem sie zwei Jahre auf dem Felsen gelegen, ihre Augen *nicht* öffnen und der heiligen Magdalena *nicht* danken würde für ihre wundersame Errettung. Über dieses Wunder wundern wir uns schon deshalb nicht, weil es an eine ähnliche Totenerweckung erinnert, welche der in Rom lebende griechische Schriftsteller Philostratos um das Jahr 200 in seiner *Vita des Apollonios von Tiana*, dem in der Antike

Domenico Tintoretto,
Büßende Magdalena.
Pinacoteca Capitolina,
Rom.
Foto: I. Casutt
© J. Imbach.

bekanntesten Wundertäter, zuschreibt, der übrigens ein Zeitgenosse des Apostels Paulus war.[61] Nicht ganz fair oder zumindest nicht sehr logisch ist es, dass Jacobus de Voragine mit der Schilderung dieser Totenerweckung eine Story kolportiert, die ausgerechnet jenen heidnischen Kreisen entstammt, welche die Magdalenerin in seiner Legende mit Wortgewalt bekämpft, übrigens mit Erfolg. Denn die Familie des Fürsten lässt sich taufen, das Volk bekehrt sich zum Christentum, Lazarus wird zum Bischof von Aix »einmütiglich erwählt«, der Jesusjünger Maximinus dagegen zum Bischof von Marseille bestellt.

Maria Magdalena aber begehrte nach himmlischer Beschauung und ging in die raueste Wildnis. Da wohnte sie unerkannt dreißig Jahre an

---

61 Zum Einfluss der Lebensbeschreibung von Philostratos' *Lebensbeschreibung des Apollonios* auf die Magdalenalegende vgl. V. Saxer, Maria Maddalena, in: Bibliotheca Sanctorum, Bd. 8, Roma 1967, 1078–1104; besonders 1097.

einer Statt, die ihr von Engelshänden war bereitet. An der Statt waren nicht Wasserbrunnen, noch Freude an Bäumen und Gras; daraus sollte erkannt werden, dass unser Herr sie nicht mit irdischer Nahrung wollte sättigen, sondern allein mit himmlischer Speise.

Hatte die Überlieferung, auf die Jacobus de Voragine zurückgreift, sich eben noch einer heidnischen Vorlage bedient, schöpft sie jetzt aus einer christlichen Quelle. Die handelt von einer sagenumwobenen Einsiedlerin namens Maria (!) von Ägypten, deren in Palästina gelegenes Grab seit dem 6. Jahrhundert ein beliebtes Ziel der Heiliglandpilger war. Verlässliches vermochte die Geschichtsforschung über diese rätselhafte Ägypterin nicht zu ermitteln. Die Volksfrömmigkeit indessen hat sie schon früh mit einem Lebenslauf ausgestattet, der später zum Teil ihrer Namensschwester aus Magdala übergestülpt wurde. Ausführliche Hinweise darüber, in welchem Ausmaß die Geschichte der Maria aus Ägypten auf anderes Legendengut zurückgeht, sind hier nicht nötig.[62] Allerdings muss trotzdem bemerkt werden, dass die Legendenforscher und -forscherinnen sich da auf Pfaden bewegen, angesichts derer sich die Irrfahrten des Odysseus fast wie ein Sonntagsbummel ausnehmen.

Kurzum: Was man von der *Büßerin* Magdalena in Umlauf setzte, beruht zu einem guten Teil auf der Legende von der *Ægyptiaca*. Im dritten Jahrhundert in Ägypten geboren entfloh diese im Alter von zwölf Jahren der heimischen Obhut nach Alexandrien, um sich dort wenn nicht allen denkbaren, so doch allen *möglichen* Ausschweifungen zu ergeben. Später schloss sie sich auf der Suche nach neuen Abenteuern einer Gruppe von Pilgersleuten an, die

---

62 Einen guten Überblick bietet J.-M. Sauget, Maria Egiziaca, in: Bibliotheca Sanctorum, Bd. 8, Roma 1967, 981–991. Wer sich für den Wortlaut der Legende interessiert, sei verwiesen auf: Acta Sanctorum. Die Legende der Maria aus Ägypten. Aus dem Griechischen übersetzt und erläutert von G. Ziegler (= Quellen der Spiritualität, Bd. 8), Vier-Türme-Verlag 2013.

sich auf einer Wallfahrt ins Heilige Land befanden. Wie sie die Überfahrt bezahlte, lässt die Legende sie selbst erzählen:

> Als die Schiffersleute mich um den Fährlohn fragten, antwortete ich ihnen: »Den kann ich euch nicht geben, aber nehmt meinen Leib und macht euch mit dem bezahlt.« Also nahmen sie mich mit und mein Leib war ihnen das Fährgeld.[63]

In Jerusalem bekehrt sich die Ægyptiaca zum Christentum und zieht sich mit drei Broten versehen in die Wüste zurück, um dort, nur mit ihrem Haar bekleidet, ganz der Abtötung und der Buße zu leben. Die ersten siebzehn Jahre ernährt sie sich von den drei Broten; die folgenden drei Jahrzehnte nimmt sie keine Speise zu sich. Zwölf Monate vor ihrem Tod verirrt sich der betagte Abt Zosimas auf der Suche nach einem der heiligen Altväter an ihren Aufenthaltsort. Nachdem sie ihm ihr Leben erzählt hat, bittet sie ihn, ihr im kommenden Jahr das heilige Sakrament zu bringen; sie werde sich am Gründonnerstag an einer bestimmten Stelle am Jordan einfinden. Auf wundersame Weise überquert sie an dem vereinbarten Tag den Fluss und empfängt aus der Hand Zosimas' den Leib des Herrn. Als der Greis der Büßerin ein Jahr später erneut das eucharistische Brot überbringen will, findet er sie tot. Eine Schrift im Sand belehrt ihn, dass sie genau vor zwölf Monaten verstarb, unmittelbar nachdem er sie das letzte Mal aufgesucht hatte. Wie er sich vergeblich bemüht, der Toten mit seinem Wanderstab ein Grab zu bereiten, gesellt sich ihm ein Löwe bei; der hebt mit seinen Vorderpranken die Begräbnisstätte aus. So schließt denn auch diese Legende, wie solche Legenden zu schließen pflegen: »Der Greis aber kehrte in sein Kloster zurück und lobte Gott.«[64]

Die Parallelen zwischen der Maria Ægyptiaca und der Büßerin Maria Magdalena sind offensichtlich. In der Ikonografie seit

---

63 Jacobus de Voragine, Legenda aurea, 287f. (Von Sanct Maria Ægyptiaca).
64 A.a.O., 289.

dem Spätmittelalter erscheint Letztere gelegentlich wie vormals jene nur mit ihrem langen Haar bekleidet (was wiederum auf die Legende der heiligen Agnes zurückverweist, deren Haarknoten sich auf wunderbare Weise löste, nachdem ihr die Schergen die Kleider vom Leib gerissen hatten, sodass ihre langen Locken ihre Blöße bedeckten). Neben Tilman Riemenschneiders Statue *Die heilige Magdalena von den Engeln erhoben* gehört ein Blatt von Hans Baldung Grien zu den bekanntesten Darstellungen dieser Art.

Es bestehen noch weitere Gemeinsamkeiten zwischen den beiden Reuerinnen. Wie die ägyptische Maria in den letzten drei Jahrzehnten ihres Lebens benötigt auch die büßende Magdalena während ihrer dreißigjährigen Bußzeit keinerlei irdische Nahrung. Und während Gott jener einen Abt schickt, damit er ihr die Wegzehrung reiche, sendet er dieser einen Priester, ebenfalls nach dreißig Jahren. Durch ihn lässt Magdalena Maximinus bitten, er möge sich »für den nächsten Ostertag« vor der Frühmesse in seiner Kirche einfinden.

> Maximinus aber ging an dem Tag und um die Stunde, da ihm geboten war, allein in die Kirche. Da sah er Maria Magdalena allein im Chor der Engel stehen, die sie hatten hergeführt. Sie war aber zwei Ellen hoch aufgehoben von der Erde und stund in der Mitte der Engel und betete mit ausgebreiteten Händen zum Herrn. Da Sanct Maximinus aber fürchtete, zu ihr heranzutreten, sprach sie zu ihm gewendet: »Tritt näher heran, Vater, und fliehe vor deiner Tochter nicht!« Als er aber näher herantrat, da strahlte ihr Antlitz also sehr von dem immerwährenden und täglichen Schauen der Engel, dass man eher in die Sonne hätte sehen mögen, denn in ihr Angesicht. Da rief er den Priester herbei und versammelte den ganzen Klerus, und also empfing Sanct Maria Magdalena aus des Bischofs Händen mit vielen Tränen den Leib und das Blut des Herrn. Darnach streckte sie sich mit ganzem Leib vor die Stufen des Altars, und also fuhr ihre heilige Seele gen Himmel. Als sie tot war, breitete ein solch süßer Duft sich durch die ganze Kirche, dass er noch sieben Tage lang von allen gespürt ward, die in die Kirche traten. Den heiligen Leib bestattete Maximinus mit viel köstlichen Wohl-

gerüchen und großen Ehren und gebot, dass er selber nach seinem Tode neben ihr würde bestattet.

»Apostelin der Apostel«

Die Lebensgeschichte der Magdalenerin ist ein Paradebeispiel dafür, wie Legenden entstehen. Sobald eine Heiligengestalt, die im Halbschatten der Vergangenheit west, populär wird, kommt es zu einem nicht mehr kontrollierbaren Energieaustausch zwischen Vorbild und Verehrenden. Ein geheimnisvolles Fluidum strömt zwischen beiden hin und her und erzeugt ein Spannungsfeld, das dem bewunderten Leitbild zu einem Eigenleben verhilft, das mit der historischen Wirklichkeit nichts mehr gemein hat. Die schlichte Volksfantasie und die religiöse Fabulierkunst besorgen das Material für den Legendenkranz, Predigermönche und Priesterdichter bearbeiten es mit Inbrunst, Mirakelsüchtige und Mysterienhungrige knüpfen die Schleifen zum Kranz. Auf diese Weise kam der reuige Schächer zu seinem Namen Dismas und zu einer Biografie; so kam Georg zum Ritterschlag, zu einem Drachen und zu einem Taler, der im Dreißigjährigen Krieg marodierenden Soldaten als Amulett diente; ähnlich wiederum kam Veronika zu einem Schweißtuch und zu ihrem Gedächtnistag am 4. Februar; desgleichen schließlich kam der heilige Nikolaus von Myra zu seinen drei Äpfeln und zu Patronatspflichten gegenüber den Advokaten, Bäckern, Bierbrauern, Böttchern, Fährleuten, Fischern, Flößern, Gefangenen, Jungfrauen, Kaufleuten, Kindern, Matrosen, Metzgern, Notaren und Pilgersleuten.

Die Wurzeln Jesu
oder
Warum der Nazarener einen Stammbaum brauchte

Zu den in der Bibel enthaltenen literarischen Gattungen[65] gehört auch der *Stammbaum* – nicht zu verwechseln mit der Ahnentafel. Unter Letzterer versteht man eine grafische Darstellung möglichst aller Vorfahren einer Person. Der Stammbaum hingegen beinhaltet die direkte Geschlechterfolge.

So rühmt sich der hochadelige jüdische Geschichtsschreiber und Feldherr Josephus Flavius, eigentlich Joseph ben Mathitjahu (um 37/38 bis ca. 100 n. Chr.), in seiner *Vita* (Lebensbeschreibung) mittels einer detaillierten Darstellung seiner vornehmen Herkunft:

> Meine Abstammung ist übrigens keineswegs unbedeutend, sondern ich stamme aus altem priesterlichem Geschlecht. Wie aber bei jedem Volk die Voraussetzung für Adel eine andere ist, so ist bei uns die Zugehörigkeit zur Priesterschaft Begründung für das Ansehen der Familie. Meine Familie stammt aber nicht nur von Priestern, sondern von der ersten der vierundzwanzig Priesterklassen – auch darin liegt eine große Auszeichnung – und von deren Sippen auch wieder von der vornehmsten. Ich gehöre aber auch zum königlichen Geschlecht von der Mutter her, denn die Söhne des Haschmon, deren Nachkomme sie ist, waren über sehr lange Zeit Hohepriester und Könige unseres Volkes. Ich will aber die Generationenfolge nennen: Unser Urgroßvater war Simon, mit dem Beinamen der Stammler. Dieser lebte zu der Zeit, als der Sohn des Hohepriesters Simon Hoherpriester war – nämlich Hyrkan, der erste Hohepriester dieses Namens. Es wurden aber dem Stammler

---

65 Vgl. dazu das Kapitel *Ein Blick in die Werkstatt der Schriftgelehrten*.

Simon neun Kinder geboren; zu diesen gehört Matthias, der [Sohn] des Efai genannt wurde. Dieser heiratete die Tochter des Hohepriesters Jonathan, der als Erster aus der Hasmonäerfamilie Hohepriester war – er war Bruder des Simon, der auch Hohepriester wurde –, und es wurde ihm ein Sohn geboren, Matthias, genannt der Bucklige, im ersten Jahr der Herrschaft des Hyrkan. Diesem wurde ein Josef geboren im neunten Jahr der Kaiserschaft der Alexandra, und dem Josef ein Matthias im zehnten Jahr des Königtums des Archelaos, dem Matthias schließlich ich im ersten Jahr des Kaisertums des Gajus [Caligula]. Den Stammbaum meines Geschlechts führe ich so an, wie ich ihn in den öffentlichen Registern vorgefunden habe, wobei ich mich um die, die versuchen, mich zu verleumden, nicht weiter kümmern möchte.[66]

Mit der Nennung Haschmons, eines Vorfahren seiner Mutter, unterstreicht Josephus Flavius seine Abkunft vom königlichen Geschlecht der Hasmonäer. Damit erinnert er gleichzeitig daran, dass sein Stammbaum bis zum Anfang des dritten Jahrhunderts vor Christus zurückreicht. Die Botschaft ist eindeutig: Ich bin wer.

Von Jesus sind gleich zwei Stammbäume überliefert, und das hat zwei Gründe. Zunächst muss man wissen, dass große Persönlichkeiten in der antiken Welt einen Stammbaum aufweisen mussten. Und wenn sie keinen hatten, ließen sie sich eben einen machen – ähnlich wie seit dem Mittelalter Päpste, die mit keinem Adelswappen punkten konnten, sich eines entwerfen ließen.

Der Vergleich mit dem Stammbaum Jesu hinkt insofern, als Jesus keine derartigen Ambitionen verfolgte. Darauf verfielen erst die Verfasser des Matthäus- und des Lukasevangeliums, und zwar aus einem Grund, der nichts mit dem Verweis auf eine illustre Herkunft zu tun hat. Ihnen ging es darum aufzuzeigen, dass der von den Juden ersehnte (von diesen aber nicht anerkannte) Messias dem davidischen Geschlecht entstammte. Und der musste einer damaligen Erwartung zufolge ein Nachkomme des Königs David sein.

---

66 Josephus Flavius, Vita, 1–6.

Unstimmigkeiten

Bemerkenswert ist allerdings der Umstand, dass die beiden Stammbäume nur teilweise übereinstimmen. Dies hat seinen Grund darin, dass sie nicht historisch zu verstehen sind, sondern eine theologische Aussage beinhalten.

Matthäus	Lukas
1,1 Buch des Ursprungs Jesu Christi, des Sohnes Davids, des Sohnes Abrahams:	3,23 Jesus war, als er zum ersten Mal öffentlich auftrat, etwa dreißig Jahre alt. Er galt als Sohn Josefs.
2 **Abraham** zeugte den Isaak, Isaak zeugte den Jakob, Jakob zeugte den Juda und seine Brüder. […]	
6 Isai zeugte *David*, den König. David zeugte den Salomo mit der Frau des Urija.	
7 Salomo zeugte den Rehabeam, Rehabeam zeugte den Abija, Abija zeugte den Asa. […]	
11 Joschija zeugte den Jojachin und seine Brüder; **das war zur Zeit der Babylonischen Gefangenschaft**.	
12 Nach der Babylonischen Gefangenschaft zeugte Jojachin den Schealtiël, Schealtiël zeugte den Serubbabel. […]	
15 Eliud zeugte den Eleasar, Eleasar zeugte den *Mattan, Mattan zeugte den Jakob.*	24 Die Vorfahren Josefs waren: *Eli, Mattat, Levi, Melchi, Jannai,* **Josef** …
16 *Jakob zeugte den* **Josef, den Mann Marias**; von ihr wurde Jesus geboren, der der Christus genannt wird.	

17 Im Ganzen sind es also von Abraham bis David **vierzehn Generationen**, von David bis zur Babylonischen Gefangenschaft **vierzehn Generationen** und von der Babylonischen Gefangenschaft bis zu Christus **vierzehn Generationen**.

[Dann führt die Linie rückwärts, bis Adam:] 38 ... Enosch, Set, Adam; der stammte von Gott.

Übereinstimmung zwischen beiden Stammbäumen herrscht im großen Ganzen lediglich bezüglich der Vorfahren Jesu in der Zeit zwischen Abraham und David. Matthäus beginnt mit Abraham und führt die Geschlechterfolge nach unten weiter. Lukas beginnt mit Jesus und geht dann Generation um Generation rückwärts. Dabei differieren teilweise nicht nur die angeführten Namen, sondern auch die Anzahl der Geschlechterfolgen. Bei beiden Evangelisten tritt Josef als der rechtliche Vater Jesu in Erscheinung.

Auffällig ist, dass schon Josefs unmittelbare Vorfahren in diesem Stammbaum verschiedene Namen tragen. Allein dieser Umstand spricht dafür, dass es sich hier nicht um historische Angaben handelt.

Matthäus	**Lukas**
Eliud	Melchi
Eleasar	Levi
Mata*n*	Mata*t*
Jakob	Eli
Josef	Josef

Im Vordergrund steht wie gesagt ein theologisches Anliegen. Matthäus beginnt seine Aufzählung der Geschlechterfolge mit Abraham. Begreiflich, denn er verfasst sein Evangelium für Judenchristen. Für sie ist Abraham der »Vater der messianischen Verheißung«. Natürlich war ihnen sofort klar, was Matthäus sagen wollte, nämlich dass sich diese Verheißung in Jesus erfüllt hat.

Anders verhält es sich bei Lukas, der vorwiegend Heidenchristen im Blick hat. Indem er die Abkunft Jesu bis auf Adam, den »Vater aller Menschen« zurückführt, bedeutet er seiner Leserschaft, dass Jesus der Erlöser der ganzen Menschheit ist.

Zahlensymbolik

Matthäus beschließt seinen Stammbaum mit den Worten: »Im Ganzen sind es also von Abraham bis David vierzehn (= 2 x 7!) Generationen, von David bis zur Babylonischen Gefangenschaft vierzehn Generationen und von der Babylonischen Gefangenschaft bis zu Christus vierzehn Generationen.«

Im hebräischen Alphabet, das eine reine Konsonantenschrift ist, werden die Zahlen durch Buchstaben wiedergegeben.

Der Zahlenwert von
DaViD (דָּוִד) ist **14**; ד (Daleth) = 4; ו (Vaw) = 6; also: 4+6+4=**14**
Deshalb 14 Generationen.

Im Judentum sieht man hinter der 14 sofort zwei Mal die 7.
Die 7 symbolisiert die Ganzheit, die Fülle und die Vollkommenheit.
Wenn wir die jeweils 14 Generationen durch 2 teilen, ergibt das
2x7 Generationen (von Abraham bis David)
2x7 Generationen (von David bis zur Babylonischen Gefangenschaft)
2x7 Generationen (von der Babylonischen Gefangenschaft bis zur Geburt Jesu)

Das sind 3x2 und damit **6** Folgen von Generationen.
Mit Jesus beginnt die 7. Generationenfolge – also die Fülle der messianischen Zeit. Die 7 als Symbol der Fülle verweist auf die Erfüllung der messianischen Verheißung.

Die Botschaft, die Matthäus seiner judenchristlichen Gemeinde vermittelt, ist klar: Mit Jesus ist die an Abraham ergangene Verheißung erfüllt. Oder, wie Paulus in seinem Brief an die Galater schreibt: »*Als aber die Zeit erfüllt war*, sandte Gott seinen Sohn« (Gal 4,4).

Frauen im Stammbaum Jesu

Auffallend ist, dass fast nur Männer in dem von Matthäus überlieferten Stammbaum Jesu vorkommen. Scheinbar nebenher werden fünf Frauen angeführt, was nach antiker Gewohnheit unüblich ist. Das legt die Vermutung nahe, dass der Evangelist damit eine ganz bestimmte Absicht verbindet. Der Verdacht erhärtet sich zur Gewissheit, wenn man bedenkt, dass es sich dabei nicht etwa um Sara oder Rebekka oder Rahel handelt, die zu den großen Stammmüttern Israels zählen. Vielmehr geht es ausnahmslos um Frauen, die nach damaliger Ansicht den Außenseiterinnen zuzurechnen sind.[67]

Den Namen der ersten nennt der Evangelist bereits nach wenigen Zeilen: »Juda zeugte den Perez mit der *Tamar*.«

Tamar? Der Name verweist auf das 38. Kapitel des Buches Genesis – und damit auf die listenreiche Art, mittels derer Tamar sich Nachkommen zu verschaffen wusste. Tamar war verheiratet mit Ehr, dem ältesten Sohn des Jakobssohnes Juda. Als Ehr kinderlos verstarb, wies Juda seinen zweitältesten Sohn Onan an, mit Tamar die Schwagerehe einzugehen, um mit ihr Nachkommen zu zeugen, damit Ehrs Name nicht ausgelöscht werde. Zwar schliefen Onan und Tamar zusammen, aber Onan »ließ den Samen zur Erde fallen und verderben, um seinem Bruder Nachkommen vorzuenthalten« (Gen 38,9). Onan stirbt kurz darauf, weil sein Verhalten »dem Herrn missfiel« (Gen 38,10). Da Juda seinen dritten Sohn Schela nicht auch noch verlieren will, verhindert er über Jahre hin den Vollzug der Schwagerehe zwischen Schela und Tamar. Was Tamar schließlich auf den Gedanken bringt, ihr

---

67 Dazu mehr bei R. E. Brown, Der kommende Christus. Eine Auslegung der Evangelien im Advent, Würzburg 1997, 27–32.

Recht auf Nachkommenschaft durchzusetzen, indem sie ihren Schwiegervater Juda verführt. Dazu bedient sie sich einer List. Sie verhüllt ihr Gesicht und gibt sich als Dirne aus. Bevor Juda mit ihr schläft, verlangt sie von ihm als Pfand dessen Siegelring und andere persönliche Besitzstücke. Tamar wird schwanger, worauf Juda sie wegen außerfamiliären Geschlechtsverkehrs zum Tod verurteilt. Sie aber kann beweisen, wer der Vater des Kindes ist, indem sie seine Besitzstücke präsentiert.

Die nächste in der Liste der im matthäischen Stammbaum erwähnten Frauen ist eine kanaanitische Prostituierte namens *Rahab*, die zwei israelitischen Spionen in Jericho Unterschlupf gewährt und so die Eroberung der Stadt ermöglicht (Jos 2).

Eine Outsiderin ist auch die Moabiterin *Rut*. Die heiratet den Israeliten Boas und gebiert einen Sohn namens Obed, den künftigen Großvater Davids, und wird so zu einer der Stammmütter Jesu.

Eine vierte Frau erwähnt Matthäus bloß indirekt, nämlich *Batseba*, die Mutter von Davids Sohn Salomo. Um ihretwillen wird David zum Ehebrecher und Meuchelmörder. David begehrt Batseba und nachdem er sie geschwängert hat, lässt er ihren Mann, den hethitischen Heerführer Urija, umbringen (2. Sam 11).

Tamar, Rahab und Batseba – sie alle waren Ausländerinnen und sie hatten Männerbeziehungen, weswegen sie als wenig vorbildlich galten. Die Ehe zwischen dem Israeliten Boas und der Moabiterin Rut stand überdies in klarem Widerspruch zu den geltenden Vorschriften, denen zufolge eine Eheschließung zwischen Israeliten und Angehörigen anderer Völker verboten war (Dtn 7,1–6).

In einer heiklen Situation befindet sich auch die fünfte Frau, *Maria*. Die ist ohne Zutun ihres Verlobten Josef schwanger geworden. Damit fügt sie sich bestens ein in die Reihe der vorher genannten Frauen. Wobei der Evangelist gleichzeitig verdeutlicht, dass Gottes Absichten und sein Wirken an ihr viel deutlicher zum Ausdruck kommen als bei ihren vier Vorgängerinnen.

Mit seinem Stammbaum erinnert Matthäus daran, dass Gott sich bei der Vorbereitung der Erlösung der Menschheit nicht nur angesehener Persönlichkeiten bediente, sondern auch Menschen einbezog, die nach gängigen Vorstellungen eine dubiose Existenz führten. Und dass gerade Frauen, über welche die Wohlanständigen und Angepassten nur die Stirn runzeln konnten, in Gottes Heilsplan ein wichtiger Platz zukommt.

Gleichzeitig gibt Matthäus zu verstehen, dass auch das, was nach menschlichem Ermessen schwer verständlich ist, eine Bedeutung hat in der wechselvollen Beziehung zwischen Gott und seinen Geschöpfen.

Unstimmigkeiten
oder
Weshalb manche Bibeltexte einander widersprechen

Die alten Römer zählten die Jahre *ab urbe condita*, will sagen von der Gründung der Stadt Rom an. Die Legende verlegt dieses Ereignis auf das Jahr 753 vor Christus. Unsere heutige Zählung hingegen setzt mit der Geburt Jesu ein. Damit beginnen auch schon die Unstimmigkeiten. Gegen Ende des 5. Jahrhunderts nämlich verfiel ein geistwaches skythisches Mönchlein namens Dionysius mit dem Beinamen Exiguus (was so viel heißt wie *der Kleine* oder *der Geringe*) auf den Gedanken, die bis anhin übliche Zählung der Jahre durch eine neue, dem Selbstverständnis des Christentums entsprechende zu ersetzen.

Seiner Ansicht nach sollte die Zählung der Jahre und Jahrhunderte fortan nicht mehr *ab urbe condita*, sondern *ab incarnatione Domini*, also mit der Geburt des Herrn, ihren Anfang nehmen. Pikant an der ganzen Sache ist, dass die neue Zählung ausgerechnet im päpstlichen Rom vorerst auf Ablehnung stieß und sich deshalb in der abendländischen Christenheit erst etwa ab dem Jahr 1000 allgemein durchzusetzen vermochte.

Heute wissen wir, dass sich der gelehrte Mönch bei der Neuberechnung der Zeitläufte um ein paar Jährlein vertan hat, als er das Jahr eins mit Jesu Geburt zusammenfallen ließ. Der Irrtum des skythischen Mönchs brachte es mit sich, dass die theologische Wendezeit nicht mit der historischen Zeitenwende übereinstimmt.

Dass sich das genaue Geburtsjahr Jesu nicht mehr ermitteln lässt, hängt mit den vagen Angaben der Evangelien zusammen. Zwar berichtet Lukas, dass Jesus »im 15. Jahr der Regierung des Kaisers Tiberius« (nach unserer Zeitrechnung um 29 n. Chr.) erstmals öffentlich auftrat, im Alter von »*etwa* dreißig Jahren« (Lk 3,1 und 23) – aber wie alt war er damals genau? Als gesichert gilt, dass er noch zu Lebzeiten des Königs Herodes geboren wurde (also nicht nach 4 v. Chr., dem Todesjahr des Herodes), aber sein exaktes Geburtsjahr ist nicht bekannt. Die Angabe des Lukas, wonach Jesus zur Zeit der von Augustus angeordneten und unter dem Statthalter Quirinius durchgeführten Volkszählung zur Welt kam (Lk 2,1–2), hilft nicht weiter, weil diese Volkszählung erst im Jahr 6 oder 7 *nach* unserer Zeitrechnung stattfand, wofür es sichere historische Zeugnisse gibt.[68]

Zu Betlehem geboren?

Diese Volkszählung ist Lukas zufolge der Grund, weshalb Maria und Josef von Nazaret nach Betlehem ziehen, um sich dort registrieren zu lassen. Im Jahr 6/7, als diese Erhebung durchgeführt wurde, war Jesus aber schon mindestens zehn Jahre alt.

Auf weitere Unstimmigkeiten in den Kindheitserzählungen stößt man beim Vergleich der matthäischen mit der lukanischen Überlieferung. Nach der Geburt Jesu und der Darstellung im Tempel lässt Lukas die Heilige Familie direkt nach Nazaret zurückkehren, während sie nach Matthäus zuerst nach Ägypten flüchtete.[69] Gemäß Letzterem ist der Wohnsitz von Maria und Josef zur Zeit von Jesu Geburt Betlehem; erst danach ziehen sie nach Nazaret, wo sie laut Lukas schon vorher gelebt haben.

---

68 Siehe G. Schneider, Das Evangelium nach Lukas, Kapitel 1–10 (= Ökumenischer Taschenbuchkommentar zum Neuen Testament 3/1), Gütersloh und Würzburg 1977, 86.
69 Zum Kindermord und zur Flucht nach Ägypten vgl. oben im Kapitel *Ein Blick in die Werkstatt der Schriftgelehrten* die Abschnitte *Berufungs- und Ankündigungsgeschichten* und *Midrasch*.

Kindheitserzählung Jesu Matthäusevangelium Kapitel 1–2	Kindheitserzählung Jesu Lukasevangelium Kapitel 1–2
Maria ist mit Josef verlobt. Dieser erfährt in einem Traumgesicht, dass das Kind, das sie erwartet, »vom Heiligen Geist« (1,20) ist und übernimmt die gesetzliche Vaterschaft. Als Wohnsitz scheint *Betlehem* infrage zu kommen.	Maria erfährt vom Engel Gabriel, dass der »Heilige Geist über sie kommen« und sie einen Sohn gebären wird (1,35). Sie wohnt mit ihrem Verlobten Josef in *Nazaret*.
	Maria besucht ihre Verwandte Elisabet. Lobgesang Marias (*Magnificat*).
	Volkszählung durch Augustus
Geburt Jesu in Betlehem *in einem Haus* (nicht in einem Stall: 2,11). Keine Huldigung seitens der Hirten. Besuch der *Magier aus dem Osten*.	*Reise* nach Betlehem; Geburt Jesu in Betlehem; Besuch der *Hirten*.
Flucht nach *Ägypten*. Kindermord in Betlehem auf Befehl von Herodes.	8 Tage nach der Geburt: Beschneidung Jesu. Darstellung Jesu *im Jerusalemer Tempel* gemäß der von der mosaischen Weisung »vorgeschriebenen Reinigung« (2,22), also frühestens 33 Tage nach der Geburt (vgl. Lev 12,2–6); Weissagungen von Simeon und Hanna.
Nach dem Tod des Herodes Rückkehr aus Ägypten und *erstmalige Niederlassung in Nazaret*.	*Sofortige Rückkehr nach Nazaret.*

> Der 12-jährige Jesus reist in Begleitung seiner Eltern zum Paschafest nach Jerusalem, wo diese den verlorenen Sohn später im Tempel wieder auffinden. Rückkehr nach Nazaret.

Bleibt die Frage, weshalb Lukas die von Augustus angeordnete Volkszählung um mehrere Jahre vorverlegt.

Kaiser Augustus hat zweifellos Großes geleistet. Unter ihm erlebte das Römische Reich eine Zeit des Friedens, der Stabilität, des Wohlstandes und der kulturellen Blüte. Das trug ihm den Ehrentitel »Friedenskaiser« ein. In Rom, im übrigen Italien und in den römischen Provinzen ließ er prachtvolle Tempel und öffentliche Gebäude errichten. In einer Zeit zunehmender Freizügigkeit erließ er strenge Luxus- und Ehegesetze. Außerdem förderte er die Landwirtschaft.

Nach Augustus' Tod am 19. August 14 n. Chr. trat sein Stiefsohn Tiberius die Nachfolge im Römischen Reich an.

Beide Kaiser werden im Lukasevangelium erwähnt. Dort heißt es, dass Jesus zur Zeit des Kaisers Augustus geboren wurde (Lk 2,1) und sein öffentliches Wirken »im fünfzehnten Jahr der Regierung des Kaisers Tiberius« (Lk 3,1) begann.

Dahinter steckt Absicht. Geradezu kontrapunktisch stellt Lukas den damaligen Weltbeherrschern den Mann aus Nazaret gegenüber.

Auf diese Weise, und indem Lukas zwei Kaisern des Römischen Reichs Jesus gegenüberstellt (und die besagte Volkszählung vorverlegt), verweist er darauf, dass das Heil nicht von einer weltlichen Macht, sondern von Jesus Christus kommt. Gleichzeitig verlegt er die Geburt Jesu nach Betlehem, weil nach damaliger Erwartung der Messias aus dieser Stadt kommen musste.

Letzteres gilt auch für Matthäus, der sein Evangelium für eine judenchristliche Gemeinde verfasst. Aus diesem Grund zitiert er eine Stelle aus dem Buch des Propheten Micha: »Du, Betlehem im Gebiet von Juda, bist keineswegs die unbedeutendste unter den führenden Städten von Juda; denn aus dir wird ein Fürst hervorgehen, der Hirt meines Volkes Israel« (Mi 2,6; vgl. 5,1).

Wenn Jesus schon im Jungenalter war, als die von Augustus angeordnete Volkszählung stattfand, entfällt das Motiv für eine von seinen Eltern unternommene Reise von Nazaret nach Betlehem.

Das ist einer der Gründe, weshalb heute die meisten Bibelkundigen der Ansicht sind, dass Jesus in Nazaret geboren wurde.

Dafür spricht auch, dass das Johannesevangelium nichts von einer Geburt Jesu in Betlehem weiß:

> Einige aus dem Volk sagten [...]: Dieser ist wahrhaftig der Prophet. Andere sagten: Dieser ist der Christus. Wieder andere sagten: Kommt denn der Christus aus Galiläa? Sagt nicht die Schrift: Der Christus kommt aus dem Geschlecht Davids und aus dem Dorf Betlehem, wo David lebte? So entstand seinetwegen eine Spaltung in der Menge (Joh 7,40–43).

Wenn der Evangelist die Überlieferung von Jesu Geburt in Betlehem gekannt hätte, fände sich hier unvermeidlich ein Hinweis darauf, dass Jesus tatsächlich in Betlehem geboren wurde. Dem vierten Evangelisten zufolge kam Jesus im galiläischen Nazaret zur Welt. Anders als bei Matthäus und Lukas ist für ihn nicht die Geburt in Betlehem oder die davidische Abstammung wichtig (es handelte sich lediglich um eine damalige jüdische Erwartung!), sondern die Abkunft vom »Vater«: »Wie mich der Vater gesandt hat, so sende ich euch« (Joh 20,21).[70]

Die Feststellung, dass Jesus aller Wahrscheinlichkeit nach in Nazaret geboren wurde, mag bei manchen Christgläubigen (vor allem aus emotionalen Gründen?) Unbehagen hervorrufen. Dann sollten sie sich (wieder einmal!) daran erinnern, dass es den Evangelisten oft nicht so sehr darum ging, historische Sachverhalte nachzuzeichnen, sondern ein theologisches Anliegen zu formulieren. Darüber hinaus spiegeln sich in ihren Texten immer wieder missionarische Bestrebungen, katechetische Unterweisungen und

---

70 J. Becker J., Das Evangelium des Johannes, Kapitel 1–10 (= Ökumenischer Taschenbuchkommentar zum Neuen Testament 4/1), Gütersloh und Würzburg 1979, 277.

moralische Anliegen, die sie häufig auf narrative Weise zu vermitteln suchen.

Widersprüchliche Ostererzählungen

Besonders deutlich kommt das in den Ostererzählungen zum Ausdruck, die, wollte man sie rein historisch lesen, nur so strotzen vor Unstimmigkeiten und Widersprüchen.

	Matthäus	Markus	Lukas	Johannes
Motiv des Grabgangs	Frauen wollen lediglich das Grab aufsuchen.	Frauen wollen den Leichnam salben.	Frauen wollen den Leichnam salben.	Ein Motiv wird nicht genannt.
Anzahl Besucherinnen	2 Frauen	3 Frauen	3 Frauen in Begleitung anderer	Maria aus Magdala
Anzahl Engelerscheinungen	1 Engel	1 Engel	2 Engel	2 Engel
Standort der Engel	außerhalb des Grabes	im Grab	außerhalb des Grabes	im Grab
Reaktion der Frauen	Die 2 Frauen benachrichtigen die elf Jünger.	Die 3 Frauen schweigen aus Angst.	Die Frauen benachrichtigen die elf Jünger.	Maria Magdalena überbringt die Nachricht den Jüngern.
Reaktion der Jünger	Matthäus äußert sich nicht.	Die Jünger glauben den Frauen nicht.	Die Jünger glauben den Frauen nicht.	Die Jünger glauben angesichts des leeren Grabes.

Augenfällig ist, dass die vier Evangelisten die *Umstände der Auferweckung Jesu* aus ihren Darstellungen ausblenden. Paulus beschränkt sich in seinen Briefen auf das *Bekenntnis* zu Jesus als dem Auferweckten, das man schon früh in ebenso griffigen wie einprägsamen Kurzformeln zum Ausdruck brachte: »Gott, der Jesus von den Toten auferweckt hat« (1 Thess 1,10); unser Glaube ist, dass »Jesus gestorben und auferstanden ist« (1 Thess 4,14); »Gott hat ihn [Jesus] von den Toten auferweckt« (Röm 10,9); »Christus ist von den Toten auferweckt worden« (1 Kor 15,12). Punkt. Über das *Wann* und das *Wie* wird nicht spekuliert.

Von diesen prägnanten Oster*bekenntnissen* unterscheiden sich die in späterer Zeit entstandenen Oster*erzählungen*. Diese Letzteren aber lassen sich nicht miteinander in Einklang bringen.

Markus zufolge machen sich drei Frauen zu Jesu Begräbnisstätte auf, um den Leichnam zu salben. Dort werden sie von einem Engel zu den Jüngern geschickt, mit dem Auftrag, diesen die Auferweckung Jesu kundzutun. Die Frauen jedoch werden von Schrecken und Entsetzen gepackt und sagen niemandem, was sie erlebt haben. (Die Verse Mk 16,9–19, in denen vom Unglauben der Jünger die Rede ist, wurden dem Markusevangelium später von anderer Hand hinzugefügt.)

Nach *Matthäus* war am Ostermorgen ein Erdbeben zu verspüren. Den zwei Frauen, die nach dem Grab sehen wollen, erscheint ein Engel, der ihnen die Auferstehung verkündet und sie nach Galiläa schickt. Die Frauen eilen voller Furcht und Freude zu den Jüngern, um ihnen die Botschaft zu verkünden.

Lukas berichtet von einem Grabbesuch mehrerer Frauen, von denen er drei namentlich erwähnt. Ihnen erscheinen zwei Engel, woraufhin die Frauen nach Jerusalem zu den Aposteln und den anderen Jüngern zurückkehren, die ihre Erzählung als Geschwätz abtun. Lediglich Petrus geht zum Grab – und anschließend voll Verwunderung nach Hause.

Gemäß *Johannes* besucht Maria aus Magdala das Grab allein und eilt, nachdem sie festgestellt hat, dass der Stein entfernt wurde, zu Simon Petrus. Dieser begibt sich anschließend mit dem »anderen Jünger« zum Grab. Nachdem die beiden nach Hause zurückgekehrt sind, hat Maria eine Erscheinung von zwei Engeln, die aber nichts von einer Auferstehung erwähnen, sondern sich bloß nach dem Grund ihres Weinens erkundigen.

Der Vergleich zeigt: Die Ostererzählungen weisen eine ganze Reihe von Unstimmigkeiten und Widersprüchen auf.

Verschieden ist das *Motiv des Grabgangs.* Nach Markus und Lukas beabsichtigen die Frauen, den Leichnam zu salben (Mk 16,1; Lk 24,1); Matthäus zufolge wollen sie lediglich das Grab sehen (Mt 28,1). Auch hinsichtlich der *Anzahl der Grabbesucherinnen* stimmen die Evangelisten nicht überein. Sind es drei Frauen (Mk 16,1), oder drei in Begleitung anderer (Lk 24,10), oder nur zwei (Mt 28,1), oder gar Maria aus Magdala allein (Joh 20,1)? Was die *Erscheinungen* betrifft, steht nicht fest, ob nur ein Engel (Mt 28,2; Mk 16,5) oder deren zwei (Lk 24,4; Joh 20,12) erschienen sind. Widersprüchlich sind die Angaben über *dessen oder deren Standort:* Befand(en) der (die) Engel sich im Grab (Mk 16,5; Joh 20,11–12) oder außerhalb (Mt 28,4; Lk 24,4)? Bezüglich der *Reaktion der Frauen* gehen die Aussagen ebenfalls auseinander: Sagten sie (erst?) niemandem etwas, weil sie sich fürchteten (Mk 16,8); benachrichtigten sie gemeinsam die Elf (Mt 28,8; Lk 24,9); überbrachte Maria aus Magdala als Einzige den Jüngern die Kunde vom leeren Grab (Joh 20,2; vgl. Mk 16,10)? Unvereinbar untereinander sind schließlich die Berichte über die *erste Reaktion der Jünger.* Matthäus äußert sich nicht dazu. Nach Markus und Lukas schenken sie der Nachricht überhaupt keinen Glauben (Mk 16,11.13; Lk 24,11). Erst bei Johannes, der als Letzter schreibt, führt der Anblick des leeren Grabes sofort zum Glauben (Joh 20,8; vgl. aber auch die Reaktion des Thomas: Joh 20,24–29).

Zumindest drei Dinge sind nüchtern festzuhalten: *Erstens* sind die Berichte über den Gang zum Grab, über die Engelerscheinung(en) und über die Reaktion der Frauen und der Apostel widersprüchlich. Daraus folgt *zweitens*: Aufgrund dieser Quellenlage lässt sich der genaue Ablauf der Ereignisse weder rekonstruieren noch harmonisieren. *Drittens* fällt auf, dass die Widersprüche und Unstimmigkeiten bloß das *Wie,* also die Nebenumstände des Ostergeschehens betreffen. Hingegen herrscht unter allen Evangelisten absolute Übereinstimmung in Bezug auf das *Dass*. Alle bezeugen einmütig: Der Herr ist auferstanden, er lebt (Mk 16,6; Mt 28,6; Lk 24,6; vgl. Joh 20,17).

Ebenso wenig wie die Ereignisse am Grab sind auch die Angaben über die *Erscheinungen des Auferstandenen* auf einen gemeinsamen Nenner zu bringen. Zu sehr variieren die Angaben über Ort und Zeit und Zeugen.

Johannes und Lukas **Erscheinungen in und um Jerusalem**	**Matthäus und Markus** **Erscheinungen in Galiläa**
Der Auferweckte erscheint – *Maria Magdalena* am Ostermorgen (Joh 20,14–18); – *den Emmausjüngern* im Verlauf des Tages (Lk 24,13–33); – *den Aposteln* am Abend (Lk 36–40; Joh 20,19–23; Thomas ist nicht anwesend); – *den Aposteln* 8 Tage später. Nicht vom Evangelisten stammt das später hinzugefügte 21. Kapitel, das eine Erscheinung vor *7 Jüngern* am See Tiberias in Galiläa schildert.	Der Auferweckte erscheint – den *Grabbesucherinnen* am Ostermorgen in Jerusalem. Sie sollen die Jünger nach Galiläa schicken (Mt 28,10). – In *Galiläa* erscheint er später den *elf Jüngern* auf einem Berg (Mt 28,16–20). Der später hinzugefügte Markusschluss (Mk 16,9–20) ist vom Lukas- und vom Johannesevangelium beeinflusst: Erscheinungen in Jerusalem vor *Maria Magdalena*, vor *den elf verbleibenden Aposteln* und vor *zwei Jüngern, die »unterwegs sind«*.

Was den *Ort* der Erscheinungen betrifft, lassen sich zwei einander widersprechende Überlieferungen ausmachen, nämlich eine *Jerusalemer* und eine *galiläische Tradition*.

Erstere liegt bei Lukas und Johannes vor. Ihnen zufolge erscheint der Auferstandene am Ostertag *in und bei Jerusalem*: in der Morgenfrühe der Maria aus Magdala (Joh 20,14–18); im

Lauf des Tages den Emmausjüngern (Lk 24,13–33) und dem Petrus (Lk 24,34); am Abend den Aposteln (Lk 24,36–40; Joh 20,19–23 – in Abwesenheit des Thomas); acht Tage später nochmals den Aposteln in Anwesenheit des Thomas (Joh 20,24–29). Der später hinzugefügte Markusschluss (Mk 16,9–20) erwähnt eine Erscheinung vor Maria aus Magdala (Mk 16,9), vor zwei Jüngern, »die [nach Emmaus?] unterwegs waren« (Mk 16,12) und vor den Elf (Mk 16,14).

Nach Markus und Matthäus erscheint Jesus den Jüngern nicht in Jerusalem, sondern *in Galiläa,* wohin sie vom Engel geschickt wurden (vgl. Mk 16,7; Mt 28,7). Zwar berichtet Matthäus, dass der Auferstandene den Frauen in Jerusalem erschien, wobei er aber nur das Gebot des Engels wiederholt, die Jünger nach Galiläa zu schicken (Mt 28,10), wo er den Elf den Missionsauftrag erteilt (Mt 28,16–20). In diese Tradition einzubeziehen ist auch die im Johannesevangelium geschilderte Erscheinung vor sieben Jüngern am See von Tiberias (Joh 21,1–14) – ein Text, der aber (wie das ganze 21. Kapitel) nicht vom vierten Evangelisten stammt, sondern nachträglich hinzugefügt wurde.

Wie sind diese Widersprüche hinsichtlich der Lokalisierung der Erscheinungen zu deuten? Die Texte lassen durchblicken, dass die Jünger nach dem Tod Jesu keineswegs seine Auferweckung erwarteten: Die Nachricht der Grabbesucherinnen halten sie für »Geschwätz« (Lk 24,11). Als Jesus den Jüngern erscheint, meinen sie, einen »Geist zu sehen« (Lk 24,37). Thomas erklärt offen seinen Unglauben (Joh 20,25). Sogar angesichts der Erscheinung Jesu auf dem Berg in Galiläa haben »einige Zweifel« (Mt 28,17). Das alles verweist darauf, dass die Apostel und Jünger nicht nur nicht mit einer Auferweckung Jesu rechneten, sondern überhaupt *nicht damit rechnen konnten.* Denn dem Buch Deuteronomium zufolge galt einer, der am Schandpfahl endete, als von Gott verflucht (Dtn 21,22–23) – eine Stelle, die man zur Zeit der Römerherrschaft auch auf die am Kreuz Hingerichteten bezog. Wegen der Art seines Todes musste Jesus auch seinen Jüngern zunächst als ein von Gott Verstoßener vorkommen. Daher flohen sie nach seinem Tod in ihre Heimat Galiläa, wo nach Matthäus und Markus die Erscheinungen stattfanden.

Die Annahme, dass sich die nach (und über) Jesu Tod zutiefst enttäuschten Jünger in ihre Heimat absetzten, entspricht am ehesten dem historischen Sachverhalt. Nach Markus sagt Jesus vor seinem Leiden zu ihnen: »Ihr werdet alle [an mir] Anstoß nehmen« – und zitiert anschließend den Propheten Sacharja (Sach 13,7): »Denn in der Schrift steht: Ich werde den Hirten erschlagen, dann werden sich die Schafe zerstreuen« (Mk 14,27).

Offensichtlich handelt es sich um ein *vaticinium ex eventu*, das heißt der Evangelist legt dieses Wort als Vorhersage Jesus in den Mund, *nachdem* die Dinge sich so entwickelt haben. Im Johannesevangelium findet sich ebenfalls ein Hinweis auf eine Zerstreuung der Jünger: »Die Stunde kommt, und sie ist schon da, in der ihr zerstreut sein werdet, jeder dorthin, wo er einmal war« (Joh 16,32). Die deutsche Einheitsübersetzung sagt hier: »jeder in sein Haus«. Jedoch ist die Annahme wahrscheinlicher, dass hier nicht das *Wohnhaus*, sondern der Herkunftsort gemeint ist, da der Ausspruch sich auf eine Zerstreuung der Jünger bezieht.

Warum lassen Lukas und Johannes die Erscheinungen des Auferstandenen in Jerusalem stattfinden? Auch sie widerspiegeln einen historischen Tatbestand, der sich allerdings nicht auf die Osterereignisse, sondern auf die Anfangssituation der Jerusalemer Christengemeinde bezieht. *Diese* bildet nämlich bald nach dem Tod Jesu bis zur Zerstörung der Stadt durch die Römer im Jahr 70 den Kern der jungen Kirche. In Jerusalem hat der Messiasweg Jesu seine Vollendung gefunden; dort hat sich die Kirche konstituiert; von dort nimmt die Christusverkündigung ihren Anfang.

Darum lassen Lukas und Johannes die Erscheinungen des Auferstandenen in Jerusalem stattfinden, und deshalb lässt Lukas den auferweckten Herrn auf dem Weg nach Emmaus sagen: »In seinem [des Messias] Namen wird man allen Völkern Umkehr verkünden, damit ihre Sünden vergeben werden. *Angefangen in Jerusalem seid ihr Zeugen dafür*« (Lk 24,47).

Weitere Unstimmigkeiten hinsichtlich der Erscheinungen des Auferweckten betreffen den *Zeitraum,* innerhalb dessen diese stattgefunden haben, und die *Zeugen,* denen sie widerfahren sind. Matthäus nennt keinen genauen Zeitpunkt (vgl. Mt 28,16). Nach dem später hinzugefügten Schlussabschnitt des Markusevangeliums wurde Jesus am Abend des Ostertages in den Himmel aufgenommen (vgl. Mk 16,9–19). Johannes berichtet von einer acht Tage nach Ostern erfolgten Erscheinung vor den Aposteln (Joh 20,26) und einer weiteren zu einem späteren nicht näher präzisierten Zeitpunkt am See von Tiberias (Joh 21,1–23 = Nachtragskapitel eines anderen Verfassers). Bei Lukas, dem wir außer dem dritten Evangelium auch die Apostelgeschichte verdanken, liegen die Dinge recht kompliziert. In seinem Evangelium »verlässt« Jesus die Jünger am Ostertag (Lk 24,51). Nach der Apostelgeschichte hingegen ist Jesus den Seinen noch »vierzig Tage hindurch erschienen«; danach erst wurde er »in den Himmel aufgenommen« (Lk 1,3.11).

Warum setzt Lukas in der Apostelgeschichte plötzlich einen Zeitraum von vierzig Tagen zwischen Auferstehung und Aufnahme in den Himmel (Apg 1,3; 13,31)? Während er in seinem *Evangelium* die Identität zwischen dem Gekreuzigten und dem Auferstandenen hervorheben will, bestimmt in der *Apostelgeschichte* ein anderes Anliegen die Darstellung, das mit dem Werden der jungen Kirche und der Ausbreitung des Glaubens zusammenhängt. Er will seinen Lesern zeigen, dass eine Kontinuität besteht zwischen der Auferweckung Jesu und der Entstehung der Kirche am Pfingstfest. Diese Kontinuität ist dadurch gewährleistet, dass der Auferstandene den Aposteln den Verkündigungsauftrag erteilt. Dabei drängte sich die Anzahl der Tage, die der Auferweckte vor seiner »Himmelfahrt« den Jüngern erschien, von alttestamentlichen Erzählungen her geradezu auf. Erinnert sei an die Sintflut, an den Aufenthalt des Moses auf dem Sinai, an die Reise der Kundschafter ins verheißene Land, an den Weg des Propheten Elija zum Gottesberg.

Das Zwischenergebnis heißt auch hier: Ebenso wenig wie die Erzählungen über den Grabgang der Frauen lassen sich jene über die Erscheinungen des Auferstandenen miteinander harmonisieren. Die Breite der Zeugnisse erlaubt zwar den Schluss, *dass* die Beteiligten sich auf Erfahrungen mit dem Auferstandenen berufen. Über die *Anzahl* und *näheren Umstände* dieser Widerfahrnisse jedoch lässt sich historisch nichts Genaues sagen.

Das ist keineswegs ungewöhnlich, wenn man bedenkt, dass die neutestamentlichen Verfasser nicht Protokolle über bestimmte Ereignisse anfertigten, sondern den Glauben an Jesus als den Gekreuzigten und Auferweckten verkünden wollten. Es muss also zwischen der *Osterbotschaft* und den *Ostergeschichten* unterschieden werden. Bei allen Verschiedenheiten und Widersprüchlichkeiten, die sich in den Erzählungen finden, herrscht *Einmütigkeit in Bezug auf das Bekenntnis:* Der Herr ist auferstanden; er ist erschienen.

Diese Botschaft wollen die Ostergeschichten illustrieren und zum Leuchten bringen. Liest man diese Erzählungen als Tatsachenberichte, ergeben sich unüberwindliche Schwierigkeiten. Dies nicht nur, weil sie untereinander widersprüchlich sind, sondern auch weil dann manche Einzelheiten völlig widersinnig erscheinen. Das sei anhand der ältesten Darstellung (Mk 16,1–8) verdeutlicht. Schon die Einleitung klingt mehr als unwahrscheinlich, zumal die Absicht der Frauen, einen *bereits beigesetzten* Toten salben zu wollen, gegen die damaligen Gebräuche verstößt. Dies aber nach drei Tagen bewerkstelligen zu wollen, ist angesichts der klimatischen Verhältnisse Palästinas schwer denkbar. Außerdem scheinen die Frauen mit einer sträflichen Gedankenlosigkeit behaftet zu sein, wenn sie sich erst auf dem Weg zum Grab darüber Rechenschaft geben, dass sie den Stein gar nicht wegzuwälzen vermögen … Auf der historischen Ebene machen solche Details keinerlei Sinn.

Ein weiteres Indiz für den Verkündigungscharakter der Ostergeschichten ist mit der Tatsache gegeben, dass die Schilderung der Osterereignisse umso ausführlicher gerät, je weiter diese zurückliegen. Markus, der als Erster davon berichtet, beschränkt sich auf einen einzigen kurzen Abschnitt. Matthäus und Lukas, die nach ihm schreiben (und den Markustext als Vorlage benützen), erweitern ihre Erzählungen um ein Erkleckliches, während Johannes für seine Darstellung ganze zwei Kapitel benötigt.

Diese Erweiterungen erklären sich daraus, dass die Ostergeschichten der Verkündigung dienen. Das heißt, dass die Verfasser nicht einfach über Vergangenes referieren, sondern die Auferstehungsbotschaft interpretieren – angesichts jeweils neu entstehender Fragen und Schwierigkeiten in ihren Gemeinden.

Dazu drei Beispiele: Weil in jüdischen Kreisen behauptet wurde, die Jünger hätten den Leichnam Jesu gestohlen, erzählt *Matthäus* – als Einziger! –, dass das Grab bewacht wurde (Mt 27,62–66; Mt 28,4.11–15). Nicht nur unwahrscheinlich, sondern geradezu undenkbar ist, dass ein hoher Vertreter der römischen Besatzungsmacht am Grab eines seiner Ansicht nach gewöhnlichen Delinquenten eine Wache aufstellen lässt. Weil *Lukas* zeigen will, dass Jesus der in den erstbundlichen Schriften angekündigte und von den Juden erwartete Messias ist, weist der Auferstandene die beiden Emmausjünger (beziehungsweise der Verfasser die Leser seines Evangeliums!) auf diesen Sachverhalt hin (Lk 24,46). Weil sich in der Gemeinde des Johannes das Problem stellt, ob die Apostel es nicht leichter gehabt hätten an Jesus zu glauben, weil diese ja im Gegensatz zu den späteren Christusgläubigen den Auferstandenen gesehen haben, berichtet der *vierte Evangelist* von der Begegnung zwischen Jesus und Thomas, die in dem Ausspruch gipfelt: »Selig sind, die nicht sehen und doch glauben« (Joh 20,29). In Wirklichkeit ist dieser Tadel gegenüber Thomas eine Mahnung, die der Evangelist an seine Leserschaft richtet.

Allein diese Beispiele zeigen, dass es den Evangelisten in erster Linie nicht um sachliche Berichterstattung, sondern um die *Verkündigung des Glaubens* an den Auferstandenen geht.

Manipulation?
oder
Warum es an Übereinstimmung fehlt

Unstimmigkeiten und Widersprüche lassen sich auch feststellen, wenn zwei oder drei Evangelisten dieselbe Episode überliefern. Vor allem trifft dies für die Synoptiker zu. Einmal mehr sei daran erinnert, dass Matthäus und Lukas aus dem Markusevangelium ganze Passagen übernahmen, diese jedoch gleichzeitig im Hinblick auf ihre Leserschaft umgestalteten.[71]

Dabei ist (ebenfalls erneut) daran zu erinnern, dass manche der geschilderten Vorkommnisse oft nur annähernd oder gar nicht den tatsächlichen Gegebenheiten entsprechen. Historische Wirklichkeit und theologische Wahrheit können theoretisch wohl unterschieden, häufig aber nicht voneinander getrennt werden. Wenn man sich dies vor Augen hält, lösen sich manche scheinbare Widersprüche in den Evangelien von selbst auf. Zur Verdeutlichung des Gesagten mag der folgende Textvergleich dienen.

Je größer die Krankheit, desto mächtiger der Heiler

Markusevangelium 10,46–52	Matthäusevangelium 20, 29–34
Als er [Jesus] mit seinen Jüngern und einer großen Menschenmenge Jericho wieder verließ, saß am Weg *ein blinder Bettler, Bartimäus, der Sohn des Timäus*. Sobald er hörte,	Als sie [Jesus und die Jünger] Jericho verließen, folgte ihm eine große Zahl von Menschen nach. Und siehe, an der Straße saßen

---

71 Vgl. dazu im Kapitel *Falsche Verfasserangaben* den Abschnitt *Wie zuverlässig sind die Evangelien*.

dass es Jesus von Nazaret war, rief er laut: Sohn Davids, Jesus, hab Erbarmen mit mir! Viele befahlen ihm zu schweigen. Er aber schrie noch viel lauter: Sohn Davids, hab Erbarmen mit mir! Jesus blieb stehen und sagte: Ruft ihn her! Sie riefen den Blinden und sagten zu ihm: Hab nur Mut, steh auf, er ruft dich. Da warf er seinen Mantel weg, sprang auf und lief auf Jesus zu. Und Jesus fragte ihn: Was willst du, dass ich dir tue?	*zwei Blinde*, und als sie hörten, dass Jesus vorbeikam, riefen sie laut: Hab Erbarmen mit uns, Herr, *Sohn Davids*! Die Leute aber befahlen ihnen, zu schweigen. Sie aber schrien noch lauter: Hab Erbarmen mit uns, Herr, *Sohn Davids*!
Der Blinde antwortete: Rabbuni, ich möchte sehen können. Da sagte Jesus zu ihm: Geh! Dein Glaube hat dich gerettet. Im gleichen Augenblick konnte er sehen und er folgte Jesus auf seinem Weg nach.	Jesus blieb stehen, rief sie zu sich und sagte: Was wollt ihr, dass ich euch tue? Sie antworteten: Herr, dass unsere Augen geöffnet werden. Da hatte Jesus Mitleid mit ihnen und berührte ihre Augen. Im gleichen Augenblick konnten sie sehen und sie folgten ihm nach.

Schauplatz und Struktur der beiden Erzählungen sind identisch, ebenso der Handlungsablauf. Allerdings fällt auf, dass bei Matthäus nicht mehr nur von dem einen namentlich genannten Blinden Bartimäus, sondern gleich von zwei Namenlosen die Rede ist. Sollte Markus vielleicht etwas unterschlagen haben? Das Gegenteil ist wahrscheinlicher: Matthäus hat die Markusvorlage verändert. Wenn wir angesichts dieser Tatsache von einer Fälschung reden würden, wäre das ungefähr das Gleiche, wie wenn wir den alten Germanen einen Vorwurf daraus machten, dass sie keine Autobahnen hatten. Wir dürfen die damalige Art von Darstellungen bestimmter Ereignisse nicht nach unseren heutigen Maßstäben beurteilen. Indem die Evangelisten Jesu Wirken beschreiben, heben sie gleichzeitig seine Bedeutung hervor. Sie wollen zeigen, dass er wirklich der erwartete Messias ist. Wenn Matthäus die Zahl der Geheilten verdoppelt, unterstreicht er damit, dass Jesus tatsächlich der »Sohn Davids« ist, eine Bezeichnung, die seine judenchristliche Leserschaft mit dem erwarteten Messias in Verbindung bringt.

Die Episode von der Heilung der Schwiegermutter durch Petrus übernimmt Lukas fast wörtlich aus dem Markusevangelium (Mk 29–31; Lk 4,38–39). In der Markusvorlage heißt es, dass die Kranke »mit Fieber im Bett lag«. Lukas hingegen weiß zu berichten, dass sie »*hohes* Fieber« hatte. Die missionarische Absicht, die hinter dieser Steigerung steckt, ist klar: Je größer das Fieber, desto mächtiger die Kraft des Wunderheilers.

Alle drei Synoptiker berichten von der Heilung eines Aussätzigen (Mk 1,40–45; Mt 8,1–4; Lk 5,12–16). Die ursprünglich von Markus überlieferte Geschichte wird später von Lukas weiter ausgestaltet. Aus dem einen Aussätzigen werden plötzlich deren zehn (Lk 17,11–19). Während der eine Aussätzige bei den Synoptikern sich den geltenden Vorschriften zufolge *den Priestern* zeigt, um sich die Heilung – und damit die wiedererlangte kultische Reinheit – bestätigen zu lassen, kehrt einer von den zehn Geheilten *zu Jesus* zurück. Die *theologische* Botschaft ist evident: Wer Gott danken will, muss sich nicht mehr der Priesterschaft und des Tempels bedienen, sondern sich zu Jesus bekennen.[72]

Nach Matthäus (Mt 8,5–3) und Lukas (Lk 7,1–10) heilt Jesus in Kafarnaum *den Burschen eines Hauptmanns*, ohne dessen Haus zu betreten (dieser befindet sich »nicht mehr weit vom Haus entfernt«, Lk 7,6). Beiden Darstellungen zufolge traut der Hauptmann Jesus zu, dass er seinen Diener heilen kann, ohne sich eigens in sein Heim zu bemühen. Bei Johannes (Joh 4,46–53), der sich auf die gleiche Überlieferung stützt, seine Schrift aber ein

---

72 So G. Theißen, Urchristliche Wundergeschichten. Ein Beitrag zur formgeschichtlichen Erforschung der synoptischen Evangelien (= Studien zum Neuen Testament, Bd. 8), Gütersloh 1974, 187f.

paar Jahrzehnte später verfasst, ist plötzlich die Rede von einem *königlichen Beamten, dessen Sohn im Sterben liegt* (Joh 4,47). Jesus hält sich in Kana auf, wo der Beamte aus Kafarnaum ihn aufsucht und ihn darum bittet, zu ihm zu kommen. Jesus hingegen heilt den Todkranken sofort, und zwar aus einer Entfernung von fast 30 Kilometern.

Während bei den Synoptikern von Blindenheilungen die Rede ist, schenkt Jesus im vierten Evangelium einem Blind*geborenen* das Augenlicht wieder (Joh 9,1–34).

Steigerungen des Wundergeschehens lassen sich auch bezüglich der Totenerweckungen feststellen. Gemäß den ersten drei Evangelisten erweckt Jesus das *eben verstorbene* Töchterchen eines Synagogenvorstehers zum Leben (Mk 5,22–24. 37–42; Mt 9,18–26; Lk 8,41–56). Lukas erzählt von der Totenerweckung des Jünglings zu Naïn, *der zu Grabe getragen wird* (Lk 7,11–17). Bei Johannes wiederum ruft Jesus einen Toten ins Leben zurück, *der schon vier Tage im Grab liegt* und dessen Leichnam bereits in Verwesung übergegangen ist (Lk 11,1–44).

Exkurs zu den neutestamentlichen Totenerweckungen

Bezüglich der in den Evangelien (und in der Apg 20,7–12) geschilderten Totenerweckungen sind heute die meisten Exegetinnen und Exegeten der Auffassung, dass es sich nicht um historische Ereignisse, sondern um narrative Katechesen handelt: Illustriert wird das Bekenntnis zu Jesus, der das wahre Leben schenkt.

Dazu kommt, dass der Begriff *tot* im damaligen Sprachgebrauch vieldeutig war. Kranke, für die keine Hoffnung auf Heilung bestand, konnten ohne Weiteres als »Tote« bezeichnet werden. Von Menschen, die aus Todesgefahr errettet wurden, sagte man häufig, sie seien vom Tod ins Leben zurückgerufen worden (vgl. Psalm 55,5.18–19; 86,13; 88,6).

Zu bedenken ist überdies, dass die biblischen Schilderungen von Totenerweckungen verschiedene Überlieferungsstadien durchlaufen haben, sodass im besten Fall noch die ursprüngliche

Erzählung, nicht aber das ihr zugrunde liegende Faktum rekonstruiert werden kann. So ruft Jairus dem Markusevangelium zufolge Jesus zu sich, weil sein Töchterlein *todkrank* ist (Mk 5,23). Durch die Begegnung mit einer an Blutfluss leidenden Frau (eine Episode, die mit Sicherheit erst zu einem späteren Zeitpunkt hier eingeschoben wurde!) verzögert sich Jesu Ankunft im Haus des Synagogenvorstehers. Als er dort eintrifft, ist das Kind gerade erst gestorben. Bei Matthäus dagegen findet bereits eine Steigerung statt; hier ereilt der Ruf Jesus erst, als das Mädchen bereits verstorben ist (Mt 9,18).

Was die Auferweckung des Lazarus betrifft,[73] gibt diese dem Johannesevangelium zufolge den Ausschlag dafür, dass der Hohe Rat beschließt, Jesus umzubringen (vgl. Joh 11,45–53). Davon wissen die anderen drei Evangelisten nichts, so wie sie ja auch die Auferweckung des Lazarus selbst – nach Johannes immerhin das aufsehenerregendste Wunderzeichen Jesu! – mit keinem Wort erwähnen. Außerdem scheint die Verkündigungsabsicht des vierten Evangelisten gerade in dieser Geschichte überdeutlich durch: Jesus verzögert seine Ankunft in Betanien absichtlich, damit er seine Macht durch ein Wunder beweisen kann (Joh 11,6.15). Sicher ist im Hinblick auf diese Geschichte nur eines, nämlich die Aussageabsicht des Evangelisten, der seiner Leserschaft vor Augen führen will, *dass Jesus »die Auferstehung und das Leben« ist* (Joh 11,25). Dass der Mensch *daran* glaubt, ist wesentlich, und nicht ob er glaubt (oder nicht glaubt), dass Jesus Tote auferweckt hat. Letzteres ist ohnehin keine Glaubens-, sondern eine rein historische Frage, weil eine Totenerweckung grundsätzlich gesehen historisch verifizierbar sein müsste.

Dies gilt auch für die Totenerweckung zu Naïn, die aus einer Überlieferung stammt, die Lukas als einzigem Evangelisten bekannt ist. Nicht auszuschließen ist, dass er selbst als Urheber dieser Episode infrage kommt. Tatsächlich orientiert er sich bei

---

73 Vgl. die ausführliche Studie von J. Kremer, Lazarus. Die Geschichte einer Auferstehung. Text, Wirkungsgeschichte und Botschaft von Joh 11,1–46, Stuttgart 1985.

seiner Darstellung an einer dem Propheten Elija zugeschriebenen Totenerweckung, wie aus dem folgenden Vergleich eindeutig hervorgeht.

Lukas 7,11–17	1 Könige 17,7.10–24
Und es geschah danach, dass er [Jesus] in eine Stadt namens Naïn kam […].	*Und es geschah*, dass er [Elija] machte sich [auf einen Ruf des Herrn hin] auf und ging nach Sarepta.
Als er *in die Nähe des Stadttors kam*, siehe, da trug man einen Toten heraus. Es war *der einzige Sohn* seiner Mutter, *einer Witwe*. Und viele Leute aus der Stadt begleiteten sie.	Als er *an das Stadttor kam*, traf er dort *eine Witwe*, die Holz auflas. Nach einiger Zeit erkrankte *der Sohn der Frau* […]. Die Krankheit verschlimmerte sich so, dass zuletzt kein Atem mehr in ihm war. […] Da sagte sie zu Elija: Was habe ich mit dir zu schaffen, Mann Gottes? Er antwortete ihr: Gib mir deinen Sohn! Und er nahm ihn von ihrem Schoß, trug ihn in das Obergemach hinauf, in dem er wohnte, und legte ihn auf sein Bett. […]
Als der Herr die Frau sah, hatte er Mitleid mit ihr und sagte zu ihr: Weine nicht! Und er trat heran und *berührte die Bahre*. Die Träger blieben stehen und er sagte:	Hierauf streckte er sich dreimal über den Knaben hin, rief zum Herrn und flehte:
Jüngling, ich sage dir: Steh auf! Da setzte sich der Tote auf und begann zu sprechen	*Herr, mein Gott, es kehre doch Leben in diesen Knaben zurück!* […] Das Leben kehrte in den Knaben zurück und er lebte wieder auf. Elija nahm ihn, brachte ihn vom Obergemach in das Haus hinab und *gab*
und *Jesus gab ihn seiner Mutter zurück*. Alle wurden von Furcht er-	*ihn seiner Mutter zurück* mit den Worten: Sieh, dein Sohn lebt. Da

griffen; sie priesen Gott und sagten: sagte die Frau zu Elija: Jetzt weiß
Ein großer Prophet ist unter uns er- ich, *dass du ein Mann Gottes bist*
weckt worden: Gott hat sein Volk *und dass das Wort des Herrn wirklich*
heimgesucht. *in deinem Mund ist.*

Die Ähnlichkeiten zwischen der Geschichte von der Totenerweckung in Sarepta und jener bei Nain sind frappierend. Beide Erzählungen werden in der Septuaginta, der *griechischen* Übersetzung der Hebräischen Bibel und im Lukasevangelium *mit dem gleichen Wort eingeleitet* (*egéneto:* und es geschah …). Beide Male erfolgt *die erste Begegnung des Wundertäters mit der Mutter des Verstorbenen vor den Toren einer Stadt*. In beiden Fällen handelt es sich bei dem Toten *um den einzigen Sohn einer Witwe*. Und *beide Söhne sind gerade eben verstorben*. Kaum dass der Tote seinen letzten Atemzug getan hat, wird der Prophet verständigt. Ähnliches gilt für Jesus; die Toten wurden damals noch am selben Tag außerhalb der Wohngegend beigesetzt. In beiden Geschichten schließlich *gibt* der Wundertäter den Erweckten *der Mutter zurück* und wird zum Schluss als *Mann Gottes* (Elija) bzw. als *großer Prophet* (Jesus) gepriesen.

Angesichts dieser formalen und inhaltlichen Gemeinsamkeiten drängt sich die Schlussfolgerung auf, dass Lukas bei der Niederschrift seiner Geschichte an das Elija-Wunder gedacht hat.

Andererseits gibt es gewichtige Unterschiede, sodass man nicht davon ausgehen kann, Lukas hätte sich *ausschließlich* an dieser Erzählung orientiert und sie einfach nachgebildet.[74]

Im Gegensatz zu Elija wird Jesus von der trauernden Witwe nicht *angesprochen*, sondern wendet sich *von sich aus* an sie. Während der Prophet *Jahwe* [den »Herrn«] *bittet*, den Toten wiederzubeleben und von diesem erhört wird, hat Jesus diese Kraft schon *in sich*; er erweckt den Jüngling durch ein Machtwort (wobei er im

---

74 G. Schneider, Das Evangelium nach Lukas, Kapitel 1–10 (= Ökumenischer Taschenbuchkommentar zum Neuen Testament 3/1), Gütersloh und Würzburg 1977, 167f.

Gegensatz zu Elija nicht den Toten, sondern lediglich die Bahre berührt). Elija wird von der Witwe als *Mann Gottes* bezeichnet, der das Wort des Herrn verkündet. Jesus hingegen tritt als großer Prophet in Erscheinung, in dem *Gott* seinem Volk entgegenkommt.

Sicher ist, dass es Lukas nicht darum ging, ein spektakuläres Ereignis zu schildern. Vielmehr möchte er zeigen, wer Jesus ist. Dies tut er jedoch nicht, wie später die großen Konzile, mittels abstrakter (Glaubens-)Formeln, sondern mittels einer Erzählung.

Indem er von Jesus als dem *Herrn* spricht (Lk 7,13: »Als der *Herr* die Frau sah, hatte er Mitleid mit ihr.«), unterstreicht er dessen Göttlichkeit. In der Septuaginta, der griechischen Übersetzung der Hebräischen Bibel, wurde der Gottesname *Jahwe* mit dem Begriff *kyrios* (= *Herr*) wiedergegeben. Wenn die neutestamentlichen Autoren diesen Hoheitstitel (wie man in der theologischen Fachsprache sagt) für Jesus verwenden, betonen sie so seine göttliche Herkunft.

Darauf läuft die ganze Geschichte von der Erweckung des Jünglings in Naïn letztlich hinaus. Lukas geht es nicht nur darum, mittels eines Überbietungswunders zu beweisen, dass Jesus größer ist als Elija; vielmehr illustriert er mit dieser Geschichte, dass Gottes lebensspendende Kraft *in Jesus* wirksam ist.

Die Apostel werden geschont

An dieser Stelle ist wieder einmal daran zu erinnern, dass keiner der Evangelisten bei der Niederschrift seines Buches an uns gedacht hat. Im Blick hatten sie ihre Gemeinde und deren Fragen, Schwierigkeiten und Verhalten – und damit auch den Verständnishorizont ihrer damaligen Leserschaft.

Ein geradezu klassisches Beispiel dafür bildet das von Matthäus und Lukas überlieferte Jesuswort von der Kreuzesnachfolge.

Markus 8,34 und Matthäus 16,24	Lukas 9,23
Wenn einer hinter mir hergehen will, verleugne er sich selbst, nehme sein Kreuz auf sich und folge mir nach.	Wenn einer hinter mir hergehen will, verleugne er sich selbst, nehme *täglich* sein Kreuz auf sich und folge mir nach.

Sicher geht der Ausspruch *in dieser Form* nicht auf Jesus zurück; er setzt ja seinen Kreuzestod voraus! Viel logischer ist, dass Markus rückblickend auf das von Jesus erlittene Schicksal daran erinnert, dass der Weg der Nachfolge nicht frei ist von Stolpersteinen und dass, wer Jesus nachfolgt, damit rechnen muss, eine Menge Nachteile in Kauf zu nehmen.

Matthäus, dessen Gemeinde mancherlei Verfolgungen ausgesetzt ist (vgl. Mt 10,34–38), übernimmt den Ausspruch wörtlich aus dem Markusevangelium. Damit führt er den Gläubigen vor Augen, dass eine konsequente Jesusnachfolge Ächtung und Nachstellungen, Kerker und Folter, ja selbst den Tod nach sich ziehen kann.

Anders verhält es sich bei Lukas. Auch er zitiert Markus wörtlich, fügt aber hinzu, dass die Jesusjünger und Christusnachfolgerinnen gehalten sind, *täglich* ihr Kreuz auf sich zu nehmen. Im Gegensatz zur Gemeinde des Markus und des Matthäus ist die Zielgruppe, für die Lukas sein Evangelium verfasst, noch keinen größeren Nachstellungen ausgesetzt. Daher besteht das den Gläubigen (jetzt) auferlegte »Kreuz« in der zumeist banalen und gleichzeitig oft doch sehr mühseligen Bewältigung des Alltags *im Geist und Sinn Jesu*.

Gelegentlich wurden in den Evangelien auch die ursprünglichen Texte verändert. Daraus kann abgelesen werden, dass ein Verfasser beispielsweise alles daransetzt zu vermeiden, dass die Apostel einen schlechten Eindruck erwecken.

Im Markusevangelium ist die Rede davon, wie zwei von Jesu Jüngern sich in einem Anfall von Größenwahn über die anderen zu erheben versuchen.

Jakobus und Johannes, die Söhne des Zebedäus traten zu Jesus und sagten: Meister, wir möchten, dass du uns eine Bitte erfüllst. Er antwortete: Was soll ich für euch tun? Sie sagten zu ihm: Lass in deiner Herrlichkeit einen von uns rechts und den anderen links neben dir sitzen! *Als die zehn anderen Jünger das hörten, wurden sie sehr ärgerlich über Jakobus und Johannes.* Da rief Jesus sie zu sich und sagte: Ihr wisst, dass die, die als Herrscher gelten, ihre Völker unterdrücken und ihre Großen ihre Macht gegen sie gebrauchen. Bei euch aber soll es nicht so sein, sondern wer bei euch groß sein will, der soll euer Diener sein, und wer bei euch der Erste sein will, soll der Sklave aller sein. Denn auch der Menschensohn ist nicht gekommen, um sich dienen zu lassen, sondern um zu dienen und sein Leben hinzugeben als Lösegeld für viele (Mk 10,35–45).

Matthäus, dem dieser Rangstreit der Zebedäussöhne unwürdig erscheint, zögert keinen Augenblick, die Markusvorlage zu verändern. Um die beiden Ehrgeizlinge in ein günstigeres Licht zu stellen, schickt er *die Mutter* des Jakobus und des Johannes vor. Sie ist es jetzt, die Jesus bestürmt, ihren Söhnen die Ehrenplätze zu verschaffen:

> Damals kam *die Frau des Zebedäus mit ihren Söhnen zu Jesus, fiel vor ihm nieder und bat ihn um etwas.* Er fragte sie: Was willst du? Sie antwortete: Versprich, dass meine beiden Söhne in deinem Reich rechts und links neben dir sitzen dürfen (Mt 20,20).

Eine weitere Ehrenrettung der Apostel findet sich bei Lukas. Dem Markusevangelium zufolge (und in dem von diesem abhängigen Matthäusevangelium) bittet Jesus *Petrus, Johannes und Jakobus*, am Ölberg mit ihm *zu wachen* (Mk 14,34; Mt 26,38), während er voller Zittern und Zagen zu Gott betet. *Dreimal begibt Jesus sich zu ihnen*, findet sie schlafend und macht ihnen deswegen einen Vorwurf.

Das Verhalten der drei Jünger zeugt nicht gerade von Empathie. Von den Jesusgläubigen könnte es durchaus als skandalös empfunden werden. Das weiß auch Lukas. Deshalb streicht er den Text der Markusvorlage kurzerhand um ein Erkleckliches zusammen. Statt von (den in den Evangelien mehrmals gemeinsam genannten Jüngern) Petrus und Johannes und Jakobus spricht er ganz allgemein von *den Jüngern*. Die Aufforderung Jesu, mit ihm zu wachen, *lässt er einfach aus*: »Betet, dass ihr nicht in Versuchung geratet« (Lk 22,40). Nachdem Jesus gebetet hat, wendet er sich wiederum den Jüngern zu: »Nach dem Gebet stand er auf, ging zu den Jüngern zurück und fand sie schlafend; *denn sie waren vor Kummer erschöpft*« (Lk 22,45). Im Markus- und im Matthäusevangelium macht Jesus den Jüngern einen Vorwurf, weil sie schlafen. Lukas gelingt das Kunststück, den Tadel in eine Entschuldigung umzuformen.

Fehlübersetzungen
oder
Der Originaltext ist unverzichtbar

Abgesehen von wenigen Ausnahmen wurde das Alte Testament in hebräischer Sprache verfasst, während die neutestamentlichen Schriften auf Griechisch niedergeschrieben wurden. Wer sich heute für die Bibel interessiert, ist auf Übersetzungen angewiesen. Die aber geben, wie sprachkundige Exegeten und Bibelwissenschaftlerinnen seit Langem monieren, oft nicht den genauen Wortlaut wieder, was immer wieder einmal zu Fehlschlüssen und Missverständnissen führt – wie es bei jeder Übersetzung von der einen in die andere Sprache der Fall ist.

Darf ein Bischof nur einmal heiraten?

Im ersten Timotheusbrief werden zu Beginn des 3. Kapitels die Qualitäten und Charaktereigenschaften angeführt, die ein Gemeindeleiter mitbringen muss. In der älteren deutschen Einheitsübersetzung von 1985 steht:

> Wer das Amt eines Bischofs anstrebt, der strebt nach einer großen Aufgabe. Deshalb soll der Bischof ein Mann ohne Tadel sein, *nur einmal verheiratet*, nüchtern, besonnen, von würdiger Haltung, gastfreundlich, fähig zu lehren; er sei kein Trinker und kein gewalttätiger Mensch, sondern rücksichtsvoll; er sei nicht streitsüchtig und nicht geldgierig. Er soll ein guter Familienvater sein und seine Kinder zu Gehorsam und allem Anstand erziehen (1 Tim 3,1–4).

Zu bemerken ist, dass die damaligen *Bischöfe* in etwa die Funktion eines heutigen Pfarrers hatten. Das Zitat zeigt, dass man anfänglich davon ausging, dass der Vorsteher einer Christengemeinde verheiratet und ein guter Familienvater ist. Aber warum darf er *nur einmal verheiratet* sein?

Im griechischen Original steht das so auch nicht. Dort heißt es vielmehr, dass er *miãs gynaikós ándra* (lateinisch: *unius uxoris virum*), also [nur] *einer* Frau Mann sein soll – was bedeutet, dass er *einer* (also seiner angetrauten) Frau treu sein soll. In der neuen Einheitsübersetzung von 2016 ist diese Weisung endlich richtig übersetzt.[75]

Exkurs

Nur nebenher sei bemerkt, dass, was für die biblischen Schriften zutrifft, auch für dogmatische und überhaupt alle Texte gilt, die übersetzt werden. Da die meisten glaubensverbindlichen Texte in Latein und (bis ins 8. Jahrhundert hinein häufig auch) in Griechisch abgefasst sind, ist eine Kenntnis dieser Sprachen unerlässlich, will man dem Text im Detail auf den Zahn fühlen. Zu welchen Missverständnissen es sonst kommen kann, lässt sich anhand des Bilderstreits im 8. Jahrhundert illustrieren. Im Jahr 787 befasste sich das Zweite Konzil von Nizäa mit der damals heftig umstrittenen Frage, ob man die Bilder Christi und der Heiligen verehren dürfe. Unter Bezugnahme auf die kirchlich überlieferte Praxis erklärten die Konzilsväter, dass das Kreuz, die Bil-

---

75 Wörtliche Übersetzungen (der Bischof als »Mann einer einzigen Frau«) fanden sich u. a. schon in der *Lutherbibel*, in der *Ebenfelder Bibel* und in der *Zürcher Bibel*. Sinngemäß, aber korrekt übersetzt (»seiner Frau treu sein«) ist der Passus in der *Neuen Genfer Übersetzung*, in *Neues Leben*, in der *Neuen evangelischen Übersetzung* und in der *Menge-Bibel*. Von daher stellt sich schon die Frage, warum die *Einheitsübersetzung* von 1985 unterstellte, dass ein Bischof »nur einmal verheiratet« sein durfte.

der Christi, der Gottesmutter, der Engel und Heiligen Objekte »andächtiger Verehrung« (*timätikä proskynesis*), nicht aber »wahrhafter Anbetung« (*aläthinä latreia*) seien.[76] Aus dieser Gegenüberstellung geht eindeutig hervor, dass das griechische *proskynesis*, das sowohl *Anbetung*, wie auch *Verehrung* bedeuten kann, hier mit diesem letzteren Begriff wiederzugeben ist. In der lateinischen Übersetzung der griechischen Konzilsakten jedoch steht dafür der Ausdruck *adoratio* (Anbetung) statt *veneratio* (Verehrung), was auf eine Einladung zur Bilder*anbetung* hinausläuft. Dieses Missverständnis veranlasste eine im Jahr 794 in Frankfurt a. M. abgehaltene Synode, den Konzilsbeschluss von Nizäa als Irrlehre zu verwerfen.

Josef der Zweifler und die Jungfrau Maria

Die Geburt Jesu gehört zu den beliebtesten Motiven der christlichen Kunst. Auf mittelalterlichen und frühneuzeitlichen Darstellungen ist das Schema fast immer das gleiche: Engel schweben über dem Dach eines Stalles oder eines verfallenen Palasts; die Hirten sind im Anmarsch begriffen, Ochs und Esel haben sich in der Nähe des Krippenkindes niedergelassen, das von seiner Mutter andächtig betrachtet wird. Im Antlitz des greisenhaften zumeist abseits sitzenden Josefs hingegen ist nicht die leiseste Spur einer freudigen Erregung zu erkennen.

Dass der gesetzliche Vater Jesu als alter Mann in Erscheinung tritt, verdankt sich unter anderem dem apokryphen Protoevangelium des Jakobus. Dort wird er als Witwer vorgestellt, dessen Kinder bereits erwachsen sind. Die Ostkirchen griffen diese legendäre Überlieferung auf, um jene Stellen in den Evangelien zu erklären, in denen von Jesu Geschwistern die Rede ist (vgl. Mk 3,31; 6,3;

---

76 H. Denzinger, Kompendium der Glaubensbekenntnisse und kirchlichen Lehrentscheidungen. Verbessert, erweitert und ins Deutsche übertragen und unter Mitarbeit von H. Hoping hg. von P. Hünermann, Freiburg i. Br. Basel Rom Wien, [37]1991, Nr. 601.

Mt 13,55–65). Weil diese angeblich einer früheren Ehe entstammten, handelt es sich um Stiefgeschwister. In den Kirchen der Reformation hingegen herrscht die Meinung vor, dass die »Brüder und Schwestern« Jesu als Söhne und Töchter Josefs und Marias zu gelten haben. Die offizielle Lesart der römisch-katholischen Kirche sieht in diesen »Geschwistern« Basen und Vettern Jesu. Historisch lässt sich keine der drei Theorien eindeutig verifizieren.

Dass das Protoevangelium Josef als ältlichen Witwer vorstellt, hat seinen Grund darin, dass ein jugendlicher Josef wohl zu mancherlei Spekulationen und Zweifeln bezüglich der Jungfräulichkeit seiner Braut Anlass gegeben hätte.

Den Verfassern des Matthäus- und des Lukasevangeliums ging es bei der Niederschrift der »Kindheitsgeschichte« Jesu unter anderem darum, die *davidische Herkunft Jesu* hervorzuheben. Denn aus dem *Geschlecht Davids*, und aus Betlehem, der *Stadt Davids*, musste nach einer damals fast allgemein verbreiteten Meinung der Messias stammen. Deshalb ist auch verständlich, weshalb in den Kindheitsgeschichten Jesu von Josef nur am Rand die Rede ist. Wichtig ist nicht dessen Biografie. Bedeutsam ist einzig der Umstand, dass der gesetzliche Vater Jesu »aus dem Haus und Geschlecht Davids« hervorging (Lk 2,4). Wenn der Traumengel Josef mit »Sohn Davids« anredet (Mt 1,20), ist das letztlich ein Hinweis für jene Leserinnen und Leser, die noch nicht begriffen haben, dass Josef in den Kindheitsgeschichten nicht als Individuum auftritt, sondern dass er für die davidische Herkunft Jesu und damit für dessen Messianität geradesteht. So kommt es denn zu dem Paradox, dass Josef zwar keine Biografie, aber einen Stammbaum vorzuweisen hat.[77] Mit einem Wort: Die Person des Josef wird auf ihre Funktion reduziert.

Es ist dies jedoch keineswegs der einzige Grund, weshalb Josef auf vielen Bildern von Jesu Geburt als Abseitsgestalt erscheint. Das könnte auch damit zusammenhängen, dass nach früherer Vorstellung Männer bei einer Geburt nichts zu suchen hatten.

---

77 Vgl. dazu das Kapitel *Die Wurzeln Jesu oder Warum der Nazarener einen Stammbaum braucht.*

Wenn man genau hinschaut, wirkt Josef entgegen einem ersten Anschein auf den Gemälden dann auch oft gar nicht so abwesend. Manche Künstler malen ihn so, als würde er eher über das Geschehen nachgrübeln. Frühere Bedenken scheinen sich erneut zu regen in seinem Herzen. Einerseits soll die Gestalt des greisen Mannes dazu beitragen, dass die Gläubigen nicht an Marias Jungfrauschaft zweifeln. Josef selber aber vermittelt den Eindruck, als würde er argwöhnen, dass nicht Gott, sondern ein ihm unbekannter Mann Grund für die Schwangerschaft seiner Braut sein könnte. Das Matthäusevangelium bringt diesen Zweifel Josefs offen zur Sprache, bevor es ihn auszuräumen versucht:

> Mit der Geburt Jesu Christi war es so: Maria, seine Mutter, war mit Josef verlobt; noch bevor sie zusammengekommen waren, zeigte sich, dass sie ein Kind erwartete – durch das Wirken des Heiligen Geistes. Josef, ihr Mann, der gerecht war und sie nicht bloßstellen wollte, beschloss, sich in aller Stille von ihr zu trennen. Während er noch darüber nachdachte, siehe, da erschien ihm ein Engel des Herrn im Traum und sagte: Josef, Sohn Davids, fürchte dich nicht, Maria als deine Frau zu dir zu nehmen; denn das Kind, das sie erwartet, ist vom Heiligen Geist. Sie wird einen Sohn gebären; ihm sollst du den Namen Jesus geben; denn er wird sein Volk von seinen Sünden erlösen. Dies alles ist geschehen, damit sich erfüllte, was der Herr durch den Propheten gesagt hat: Siehe: Die Jungfrau wird empfangen und einen Sohn gebären und sie werden ihm den Namen Immanuel geben, das heißt übersetzt: Gott mit uns. Als Josef erwachte, tat er, was der Engel des Herrn ihm befohlen hatte, und nahm seine Frau zu sich. Er erkannte sie aber nicht, bis sie ihren Sohn gebar. Und er gab ihm den Namen Jesus (Mt 1,18–24).

Manche Kunstwerke erwecken den Anschein, dass die Zweifel, die Josef dem Matthäusevangelium zufolge *vor* Jesu Geburt quälen, *nach* Marias Niederkunft keineswegs ausgeräumt sind. Überdeutlich kommt das zum Ausdruck auf einer Miniatur in einem um die Mitte des 12. Jahrhunderts entstandenen Evangeliar des Klosters Gengenbach im Schwarzwald.

Josefs Zweifel. Miniatur aus einem Evangeliar des Klosters Gengenbach. Mitte 12. Jahrhundert Württembergische Landesbibliothek, Stuttgart.
Foto: H.-O. Mühleisen/H. Pörnbacher/K. Pörnbacher (Hg.), Der heilige Josef. Theologie – Kunst – Frömmigkeit, Kunstverlag Josef Fink, Lindenberg im Allgäu 2008, 79.

Geburt Jesu – Links im Bild sitzt Josef, den Rücken Maria und dem Kind zugewandt. Den Kopf stützt er mit der rechten Hand auf, die Körperhaltung ist gekrümmt, die Augen hält er geschlossen – den Blick hat er ganz nach innen gerichtet. Alles deutet darauf hin, dass dieser Mann von einer großen Verzweiflung heimgesucht wird. Der Judenhut, den er (auch auf anderen Darstellungen gelegentlich) trägt, hat keinerlei symbolische Bedeutung. Der wurde erst 1215 vom Vierten Laterankonzil vorgeschrieben, rund sechzig Jahre nach der Entstehung dieser Illustration. Es haftet ihm *hier* also nichts Diskriminierendes an.

Im Spätmittelalter erregt das Motiv des Josefszweifels (so der Fachausdruck für diese Art der Darstellung) zunehmend Anstoß, weshalb es immer seltener wird und schließlich um die Wende vom 15. zum 16. Jahrhundert gänzlich verschwindet.

Dass Josef auf manchen mittelalterlichen Darstellungen der Geburt Jesu ohne Heiligenschein herumsitzt, liegt wohl auch daran, dass sich die Kirche für ihn lange Zeit nicht sonderlich interessierte. Einen liturgischen Gedenktag gestand man ihm erst 1479 zu, als sein Name ins Römische Brevier aufgenommen wurde. Als der Josefstag 1621 gar zum kirchlich gebotenen Feiertag aufrückte, kam der Kult zu diesem Heiligen immer mehr in Schwang.[78]

Zurück zum Matthäustext: Um Josef seine Zweifel auszutreiben, versucht der Traumengel ihn zu beruhigen: »Dies alles ist geschehen, damit sich erfüllte, *was der Herr durch den Propheten gesagt hat*: Siehe: Die Jungfrau wird empfangen und einen Sohn gebären« (Mt 1,23).

Wo steht das geschrieben? In *dieser* Form ist das in der Hebräischen Bibel nirgends zu finden. Zwar bezieht sich der Evangelist auf einen Prophetenspruch aus dem Jesajabuch (Jes 7,14), aber er zitiert nicht aus der Hebräischen Bibel, sondern aus der Septuaginta, ihrer griechischen Übersetzung. Und dort heißt es tatsächlich, dass eine *Jungfrau* einen Sohn gebären wird.

Die christlichen Theologen der Frühzeit sahen in dieser Aussage eine Ankündigung der Geburt des von den Jüdinnen und Juden erwarteten Messias. In Wirklichkeit denkt Jesaja nicht an Maria, sondern an die Frau des Königs Ahas. Als Jesaja im 8. vorchristlichen Jahrhundert in Jerusalem auftritt, ist Israel von Feinden bedroht. In seiner Angst beschließt Ahas, sich mit den Assyrern zu verbünden. Was die Verbreitung des assyrischen Götterkults mit sich bringen würde. Auf dem Spiel steht also nichts weniger als der alte Glaube an den Jahwe-Gott. Deshalb beschwört Jesaja den König, sein Vertrauen nicht auf eine fremde Großmacht, sondern nur auf den Gott Israels zu setzen. Er allein kann

---

78 H. U. Rudolf, Vom Zweifler zum Heiligen, in: Mühleisen H.-O./ Pörnbacher H./Pörnbacher K. (Hg.), Der heilige Josef. Theologie – Kunst – Frömmigkeit, Lindenberg im Allgäu 2008, 77–86; 86.

das Reich vor dem Untergang retten: »Glaubt ihr nicht, so bleibt ihr nicht« (Jes 7,9)! Gleichzeitig kündigt Jesaja dem König ein Zeichen an, das Jahwe selbst setzen wird: »Siehe, *eine junge Frau* hat empfangen, sie gebiert einen Sohn und wird ihm den Namen Immanuel geben« (Jes 7,14). Eine *junge Frau*? Dass in dem von Matthäus zitierten Jesajatext plötzlich von einer *Jungfrau* die Rede ist (Mt 1,22–23), beruht auf einer Fehlübersetzung. Weil sich die Juden in der Diaspora mehrheitlich in der damaligen Weltsprache Griechisch verständigten, wurde die Hebräische Bibel ins Griechische übertragen. Und in dieser Übersetzung, der Septuaginta (der sich der Evangelist Matthäus vermutlich bediente), wurde aus der hebräischen *almáh'*, der jungen (unberührten *oder* schon verheirateten) Frau, eine griechische *parthénos*, eine Jungfrau.

Maßgebend aber ist hier der alttestamentliche hebräische Originaltext, der von einer »jungen Frau« handelt. Das bezieht sich auf die (bereits schwangere) Frau des Königs Ahas. Das vom Propheten angesagte Zeichen für Gottes Treue zu seinem Volk besteht darin, dass die Königin dem Volk Israel einen Thronfolger gebären wird, der den bedeutungsschweren Namen Immanuel (d. h. Gott mit uns) tragen soll. Und, so der Prophet weiter, noch bevor dieser Sohn »versteht, das Böse zu verwerfen und das Gute zu wählen«, also noch ehe er das Vernunftalter erreicht hat, wird das Land der Feinde Israels verödet sein (vgl. Jes 7,15–16) – allerdings nur, wenn Israels König auf Gott vertraut.

Faktisch handelt es sich bei dem »Schriftbeweis« im Matthäusevangelium um eine *relecture*. Konkret bedeutet das: Nach Jesu Tod und Auferweckung überdachten die Jünger und Jüngerinnen (und später die frühchristlichen Theologen) sein Leben und Sterben neu, und zwar im Licht alttestamentlicher Texte – und brachten dann manche Stellen, in denen sich Jesu Schicksal zu widerspiegeln schien, mit diesen in Verbindung (wie aus dem erwähnten Matthäustext deutlich hervorgeht). Wäre Jesu Lebensgeschichte anders verlaufen, hätten sie zum Verständnis seiner Person eben andere alttestamentliche Schriftstellen herangezogen.

Ebenfalls auf einer ungenauen Übersetzung beruht die verbreitete Vorstellung, dass Josef das Zimmermannshandwerk ausübte. Davon wissen mehrere apokryphe Schriften zu berichten, so das Kindheitsevangelium des Thomas (entstanden gegen Ende des 2. Jahrhunderts), das Pseudo-Matthäusevangelium (6./7. Jahrhundert) sowie die Geschichte von Josef dem Zimmermann (um 400). Diese Schriften wiederum stützen sich auf eine neutestamentliche Überlieferung, in der von Jesus als dem »Sohn des Zimmermanns« die Rede ist (Mk 6,3; Mt 13,55). Die Vielfalt der damit verbundenen Tätigkeiten scheint überaus groß zu sein. Im Jakobusevangelium heißt es einmal, dass »Josef von seinen Bauten« kam[79].

Aber ist in den Evangelien wirklich von einem Zimmermann die Rede? Die von Markus und Matthäus verwendete griechische Berufsbezeichnung *téktōn* (wovon sich der deutsche Begriff *Technik* herleitet) besitzt fast mehr Bedeutungen als ein Mensch Zehen hat (Mk 6,3). Wohl möglich, dass Josef als Baumeister oder als Zimmermann oder als Schreiner sein Auskommen hatte. Auch als Steinmetz oder als Schmied könnte er sich betätigt haben. Oder als Kunsthandwerker, wenn nicht gar als Bildhauer. Überdies lässt sich schwer bestimmen, welcher aramäische Begriff dem griechischen Ausdruck zugrunde liegt. Um es deutlich zu sagen: Wir wissen weder welchen Beruf Josef ausübte, noch ob er es in seinem Metier zu etwas gebracht hat.

Am Ende des vierten Jahrhunderts fertigte der heilige Hieronymus eine Übersetzung der Bibel aus dem Griechischen und Hebräischen ins Lateinische an. Dieses Werk, das unter der Bezeichnung (*Biblia*) *Vulgata* bekannt ist, galt als so gelungen, dass es in der lateinischen Kirche über Jahrhunderte hin verwendet wurde. In der fraglichen Übersetzung wurde aus dem griechischen *téktōn* ein lateinischer *faber*, ein Begriff, der ebenfalls viele Bedeutungen hat und wovon sich die deutschen Begriffe *Fabrik* und *Fabrikant* ableiten. Das alles aber hilft uns nicht weiter um zu sagen, was Josef fabrizierte.

---

79 Protoevangelium des Jakobus 13,1,, in: A. Schindler (Hg.), Apokryphen zum Alten und Neuen Testament, Zürich 2007, 409–436; 423.

Die Royals pilgern nach Betlehem

Gemäß dem Lukasevangelium huldigen die Hirten, die bei ihrer Herde auf freiem Feld Nachtwache halten (Lk 2,8), als Erste dem Kind. Davon weiß der Evangelist Matthäus nichts. Stattdessen berichtet er, übrigens als Einziger, vom Besuch irgendwelcher Sterndeuter aus dem Morgenland, die dem Messias ihre Reverenz erweisen (Mt 2,1–12). Unzählige Künstler haben diese Episode prunk- und glanzvoll ausgestaltet. Deren Bilder wiederum gaben Anlass zu Vorstellungen, die im Text in keiner Weise enthalten sind. Aber der Reihe nach!

Auf die Frage, wie viele Könige denn nun aus dem Osten nach Betlehem aufbrachen, werden die meisten antworten: drei. Davon steht jedoch nichts im Matthäusevangelium. Weder ist dort von Königen die Rede, noch wird gesagt, wie viele es waren. Erwähnt werden lediglich Sterndeuter und drei Geschenke. Und die verteilten die Künstler dann eben auf drei Personen. Die Kirchenväter, die überall in der Bibel nach einem verborgenen Sinn suchten, hatten selbstverständlich auch für die kostbaren Gaben eine Deutung parat. Gold stand für das Königtum Jesu, Weihrauch für seine Gottheit, und Myrrhe für sein Leiden. Der Evangelist hingegen dachte an einen Jesajatext: »Alle kommen von Saba, bringen Weihrauch und Gold und verkünden die ruhmreichen Taten des Herrn« (Jesaja 60,6). Die Botschaft ist klar: Was der Prophet erschaute, hat sich in Jesus Christus erfüllt.

In den meisten Übersetzungen werden die Jesussucher als Weise oder als Sterndeuter präsentiert (weil sie, so Matthäus, einem Stern folgen). Im griechischen Originaltext werden sie jedoch als *magoi* bezeichnet, was viel bedeuten kann: Zauberer, Astrologen, Wahrsager, Weise, gar Schwarzkünstler oder Gaukler. Auf einer um 1065 geschnitzten Holztür in St. Maria im Kapitol zu Köln tragen die Magier noch keine Krone, sondern lediglich eine vornehme Kopfbedeckung. Aber schon ab dem 10. Jahrhundert werden die drei Betlehempilger durch einen Stirnreif oder durch eine Krone als Regenten vorgestellt.

Cristoforo und Nicolao da Seregno, Epiphanie. Eusebiuskirche (Sogn Sievi) in Brigels/Breil. 1455. Foto: I. Casutt© J. Imbach.

Den Königstitel verdanken die *magoi* aus dem Osten nicht nur dem Umstand, dass sie das Krippenkind fürstlich beschenken, sondern auch oder vor allem, weil die Kirchenväter alttestamentliche Texte mit den Pilgern aus dem Osten in Verbindung brachten. So beziehen sie, was Jesaja von der Stadt Jerusalem und der Psalmist vom Jahwe-Gott sagt, nun auf Jesus: »Völker strömen zu deinem Licht. Mächtige Könige kommen zum Glanz, der über dir aufgeht« (Jes 60,3). »Die Könige des Westens, aus Tarsis und von den Inseln, werden ihm Tribut zollen. Die Könige des Ostens, aus Saba und Seba, werden ihm Gaben bringen. Alle Könige werden vor ihm niederfallen und alle Völker ihm dienen« (Ps 72,10–11).

Die Namen der so mit der Königswürde Ausgestatteten variieren ursprünglich. Diesbezüglich geht der Verfasser der *Goldenen Legende* auf Nummer sicher: »Sie hießen auf Hebräisch Appellius, Amerius, Damascus; auf Griechisch Galgalat, Magalat, Sarachin; auf Lateinisch Caspar, Melchior, Balthasar.«[80]

---

80 Jacobus de Voragine, Die Legenda aurea, Gerlingen [11]1993, 103.

Auf den ältesten Darstellungen sind alle drei Magier jeweils gleich alt. Später tritt der eine als Greis, der zweite als Herrscher in den besten Jahren und der dritte als junger Mann auf. Das geht ebenfalls auf die Schriften der Kirchenväter zurück. Die verwiesen darauf, dass Menschen oft schon in ihrer Jugend, andere erst später und wieder andere erst gegen Ende ihres Lebens zum Christusglauben hinfinden. Was die Künstler veranlasste, diesen Sachverhalt mittels der Altersunterschiede der drei Magier zu illustrieren. Ein 1455 von Cristoforo und Nicolao da Seregno geschaffenes Fresko in der Eusebiuskirche im graubündnerischen Brigels/Breil ist eines von vielen Beispielen. Die zahlreichen Gefolgsleute, welche die drei begleiten, deuten an, dass die ganze Welt sich zu Jesus als dem Menschheitserlöser bekennen soll.

Ja, die ganze Welt! Dies hat zur Folge, dass die bisherige Interpretation der Altersunterschiede seit dem 13. Jahrhundert allmählich von einer anderen abgelöst wird, nach welcher die drei Pilger die Bewohner der damals bekannten Erdteile (Europa, Asien und Afrika) vertreten. Der Greis versinnbildlicht nun die Menschen Europas (beziehungsweise Palästinas), die als Erste von der Geburt Jesu erfuhren, während der Dunkelhäutige (der erst im Spätmittelalter als solcher auftritt) für die Bewohner Afrikas steht. Der Mittlere präsentiert sich in einer orientalischen Gewandung, die ihn als Asiaten ausweist.

Derlei Betrachtungen haben nichts mit *Ex*egese, mit Bibel*auslegung* zu tun. Vielmehr handelt es sich dabei um *Eis*egese, das heißt um die Projektion eigener Vorstellungen in einen Text, in diesem Beispiel in den Bibeltext.

Das betrifft auch den frommen Verfasser der *Goldenen Legende*, wenn er vorgibt zu wissen, wozu die drei Geschenke gut waren, welche die Magier dem Jesuskind überreichten. Er behauptet, dass sie »Gold opferten für die Armut Mariens, Weihrauch wider den bösen Geruch des Stalles, Myrrhe, um des Kindes Glieder zu kräftigen und die bösen Würmer zu vertreiben«[81].

---

81 Ebd., 110.

Warum Mose mit Hörnern durch die Kunstgeschichte wandelt

Mitunter haben Übersetzungsfehler zu Entwicklungen beigetragen, die fast schon einen anekdotischen Beigeschmack haben.

Schuld daran ist wiederum der heilige Hieronymus. Bei seiner Übersetzungsarbeit vom Hebräischen ins Lateinische ist dem berühmten Kirchenmann nämlich ein Fehler unterlaufen, der sich vor allem auf die Kunst auswirkte.

Als Mose mit den Gesetzestafeln vom Berg Sinai herabsteigt, so heißt es in der von ihm angefertigten Übersetzung, war sein Antlitz *gehörnt*. Damit hat der zu seiner Zeit nicht unumstrittene Papstberater und Kirchenvater aus Mose einen Mann gemacht, den man heute in Italien als *cornuto* bezeichnet, womit man einen Ehemann meint, dessen Frau ein bisschen Abwechslung außer-

Michelangelo, Mose.
Wikimedia Commons,
Foto: Jörg Bittner Unna.

halb der Ehe sucht. Diese Fehlübersetzung kam zustande, weil man zu Zeiten des Hieronymus im Hebräischen bloß die Konsonanten, nicht aber die Vokale schrieb, wobei Letztere beim Lesen zu ergänzen waren. An einem Beispiel aus unserer Sprache verdeutlicht: Wenn wir in der Konsonantenfolge *lbn* die Vokale ergänzen müssen, fällt es uns gar nicht so leicht zu erraten, ob der Verfasser oder die Autorin nun *loben, laben*, oder ganz einfach *leben* meinte. Wenn der Abschreiber oder die Abschreiberin den Kopf nicht bei der Sache und das Herz ganz woanders hat, wird aus *lbn* möglicherweise sogar *lieben*.

Der gute Hieronymus befand sich in einer ähnlich verzwickten Lage. In Exodus 34,29 und 35 stieß er auf ein Wort mit den Buchstaben *qrn*. Je nachdem, welche Vokale man ergänzt, bedeutet das Wort *qeren* (Horn) oder *qaran* (strahlen). Hieronymus interpretierte die Konsonantenfolge im Sinn von *qeren*. Weil er wie die meisten seiner damaligen Glaubensbrüder und Bekenntnisschwestern ganz selbstverständlich an Wunder glaubte, hegte er keinerlei Zweifel an der Richtigkeit seiner Version, tauchte den Gänsekiel ins Stierhorn, das ihm als Tintenfass diente, und schrieb aufs Pergament: »*cornuta* esset facies sua – sein Gesicht war gehörnt.«

Zu Zeiten Michelangelos war der Fehler bereits bekannt. Als der Künstler von 1513–1515 Mose aus einem Steinblock zum Leben erweckte (»parla dunque!« soll er nach der Vollendung des Werks ausgerufen haben), stattete er die überlebensgroße Figur auf herkömmliche Weise mit Hörnern aus, wie die Leute es gewohnt waren.

Hieronymus ist es zu verdanken, dass ausgerechnet ein Gehörnter in der biblischen Heils- und in der christlichen Kunstgeschichte einen herausragenden Platz einnimmt.

Die falsche Übersetzung indessen ist längst korrigiert worden; richtig lautet sie: »Während Mose [mit den Bundestafeln] vom Berg heruntersteg, wusste er nicht, dass die Haut seines Gesichtes *strahlte*, weil er mit Gott geredet hatte« (Ex 34,29).

Erklärung von Fachausdrücken

Abt. Vorsteher eines Mönchsklosters.

Apokalyptik. Von der Erwartung des nahen Weltenendes geprägte Strömung im antiken Judentum und im Urchristentum. Die apokalyptische Bewegung, die ihren literarischen Niederschlag in zahlreichen *Apokalypsen* (z. B. in der Offenbarung des Johannes, d. h. dem letzten Buch der Bibel, das dem Apostel Johannes zugeschrieben wird) gefunden hat, trat mit dem Anspruch auf, verborgene Welt- und Schicksalszusammenhänge zu offenbaren und zu deuten, die vor allem die erwartete und nahe Endzeit betrafen.

Apokryphen. Schriften, die mit den Büchern des Alten und des Neuen Testaments viele Ähnlichkeiten aufweisen, jedoch nicht in die Bibel aufgenommen wurden (Bartholomäusevangelium, Petrusevangelium ...). Zu den Apokryphen gehören auch einige »Kindheitsevangelien«, welche die ersten Jahre Jesu fantasievoll beschreiben (Protoevangelium des Jakobus; Thomasevangelium; Arabisches Kindheitsevangelium ...).

Apologetik; apologetisch. Verteidigung einer (Welt-)Anschauung oder einer religiösen Theorie.

Dreifaltigkeit. → Trinität.

Exegese. Interpretation von Texten. Im alltäglichen Sprachgebrauch wird der Ausdruck meist im Hinblick auf heilige (in unserem Fall: biblische) Schriften verwendet.

Gleichnis. Ein Vergleich, vornehmlich in Form einer Erzählung. Die eigentlichen Gleichnisse Jesu handeln von alltäglichen Begebenheiten (beispielsweise von einer Frau, die eine Drachme verliert und nun ihr ganzes Haus durchstöbert; vgl. Lk 15,8 10), von denen aus dann auf das Gottesreich, auf Gottes Verhalten oder auf die Bestimmung und das richtige Handeln der Menschen geschlossen wird. Eine *Parabel* hingegen ist ein Gleichnis, in dem ein einmaliges, nicht alltägliches

Ereignis geschildert wird. Der Parabel verwandt ist die literarische Gattung der *Lehr-* oder *Beispielerzählung*, die entweder nachahmenswerte Handlungsmodelle oder abschreckende Exempel vor Augen führt und so Anregungen vermitteln will für das praktische Verhalten (wie etwa die Beispielgeschichte vom barmherzigen Samariter: Lk 10,25 37).

Häresie. Bezeichnet im Christentum eine Ansicht, die der offiziellen kirchlichen Lehre widerspricht.

Hebräische Bibel. Entspricht den von der römisch-katholischen Kirche als verbindlich (→ »kanonisch«) anerkannten alttestamentlichen Schriften, *mit Ausnahme* der Bücher Judit, Tobit, 1 und 2 Makkabäer, Weisheit, Sirach, Baruch. Ebenfalls nicht zur Hebräischen Bibel zählen die griechisch geschriebenen Zusätze in den Büchern Ester (1,1a-r; 3,13a-g; 4,17a-z; 5,1a-f; 5,2a-b; 8,12a-v; 10,3a-k) und Daniel (3,24–90; 13; 14). Die Kirchen der Reformation hingegen halten sich bezüglich des Alten Testaments an die Hebräische Bibel.

Heidenchristen. In der Antike: Christen und Christinnen, die vom »Heidentum« zum Christentum konvertierten. Als *Judenchristen* bezeichnet man jene, die vom Judentum zum Christentum übertraten.

Hellenismus; hellenistisch. Bezeichnung für die seit Alexander dem Großen (356–323 v. Chr.) entstandene Mischkultur aus orientalischen und griechischen Elementen, die das Leben in den griechischen Kolonien und deren Einflusssphären prägte. Zur Zeit Jesu stand Palästina schon rund 360 Jahre unter hellenistischer Herrschaft und dem daraus resultierenden Kultureinfluss (vgl. 2 Mak 4,13). Der hellenistische Einfluss auf Judentum und Christentum war erheblich. Die hellenistische Epoche endete um 200 n. Chr.

Hoheitstitel. Zahlreiche im Neuen Testament enthaltene Bezeichnungen für Jesus (*Sohn, Rabbi, Logos, Prophet, König* ...), die dieser für sich nie beanspruchte. Diese Hoheitstitel, deren bekannteste *Sohn Gottes*, *Messias/Christus* und *Herr/Kyrios* sind, wurden erst nach seiner Auferstehung auf Jesus angewandt, um ihn als den verheißenen und von Gott gesandten Erlöser darzustellen. So sind die Hoheitstitel immer auch Bekenntnis und Ausdruck des Glaubens an Jesus als den Sohn Gottes.

Inspiration. Bedeutet, dass die in der Bibel enthaltenen heiligen Schriften »von Gott eingegeben« (*inspiriert*) sind; vgl. 2 Tim 3,16.

Judenchristen. → Heidenchristen.

Kanon. Im Christentum versteht man darunter das Verzeichnis der heiligen (= biblischen) Schriften.

Katechumene. Im Christentum: Taufbewerber/-in. Die Vorbereitungszeit auf die Taufe bezeichnet man als *Katechumenat*.

Kindheitsevangelium. → Apokryphen.

Kirchenväter. Verfasser wichtiger und wegweisender Schriften in den ersten Jahrhunderten der christlichen Kirche (Augustinus, Hieronymus, Chrysostomos …).

Konzil. Oft auch als *Synode* bezeichnet. Versammlung von Bischöfen und anderen hohen Klerikern zum Zweck der Erörterung und Entscheidung theologischer und kirchlicher Fragen. Ein Konzil kann auf regionaler oder gesamtkirchlicher Basis stattfinden. Wenn das gesamte Bischofskollegium zusammen tagt, nennt man das Konzil *ökumenisch*. Ein ökumenisches Konzil wird vom Papst einberufen. Die Beschlüsse werden erst durch dessen Bestätigung verbindlich.

Konzilsdokumente des Zweiten Vatikanums. Das Zweite Vatikanische Konzil hat 16 Dokumente verabschiedet, die nach ihren Anfangsworten (z. B. *Lumen gentium*) bezeichnet werden. Man unterscheidet drei Textkategorien:

4 Konstitutionen: Grundsätzliche Stellungnahmen zu Bereichen der Glaubenslehre und -praxis;

9 Dekrete: Beschlüsse und Anweisungen zu praktischen Fragenbereichen (z. B. über die Stellung der Laien oder über die Missionstätigkeit der Kirche);

3 Erklärungen: Diese betreffen ebenfalls bestimmte Themenbereiche (z. B. die Bedeutung der nichtchristlichen Religionen), beinhalten aber eher eine Problemskizze und keine definitive Lösung.

Konstitution (dogmatische, pastorale). → siehe Konzilsdokumente.

Legenda aurea. »Goldene Legende«. Eine von dem Dominikaner Jacobus de Voragine (1228/29–1298) wahrscheinlich in den Jahren um 1264 in lateinischer Sprache verfasste Sammlung von ursprünglich 182 Traktaten zu den Kirchenfesten und zu zahlreichen Heiligenlegenden. Die *Legenda aurea* war das wohl bekannteste und am weitesten verbreitete geistliche Volksbuch des Mittelalters.

Mariologie. Jener Teil der Glaubenslehre, die sich mit Maria, der Mutter Jesu, beschäftigt.

Midrasch. Wörtl. *Forschung, Lehre*. Der Midrasch legt immer einen Bibelvers oder eine Bibelstelle aus, die im Gottesdienst als Lese- oder Predigttext verwendet wird.

Ökumenisches Konzil. → Konzil.

Parabel. → Gleichnis.

Pessach. Auch *Passa*, *Pascha* (sprich Pas-cha) oder *Passah* genannt. Gehört im Judentum zu den wichtigsten Festen. Es erinnert an den Auszug aus Ägypten (Exodus), also die Befreiung der Israeliten aus der Sklaverei, von der das 2. Buch Mose (Exodus) berichtet. Das Pessachfest wird von den Juden im Monat Nisan gefeiert. Dieser fällt jeweils in den Zeitraum von Mitte März bis Mitte April.

Pentateuch. Vom griech. *penta* = fünf, und *teuchos* = Krug.) Die ersten fünf Bücher (Bücher Mose) des Alten Testaments: Genesis, Exodus, Levitikus, Numeri und Deuteronomium.

Presbyter. Vom griech. *presbýteros* = Älterer. Bezeichnung eines Leitungsamtes in den frühen Christengemeinden. Daraus entwickelte sich in den vorreformatorischen Kirchen das Amt des Priesters.

Schawuot. Jüdisches Wochenfest, das 50 Tage, also sieben Wochen plus einen Tag (50 Tage) nach dem Pessachfest (→ Pascha) gefeiert wird.

Schriftbeweis. Begründung heilsgeschichtlicher Ereignisse sowie dogmatischer und ethischer Aussagen einer Religion unter Rückgriff auf deren heilige Schriften.

Schwagerehe. Bei der vom Alten Testament geforderten Schwagerehe geht es nicht, wie gelegentlich behauptet, um die materielle Existenzsicherung einer kinderlosen Witwe. Dass ein Bruder des verstorbenen Mannes seine kinderlose und verwitwete Schwägerin zur Frau nehmen musste, wenn sie keine Nachkommen hatte, hatte den Sinn, dem verstorbenen Bruder einen Nachkommen zu zeugen und so zu verhindern, dass das Geschlecht des Bruders ausstarb (vgl. Dtn 25,5–6). Mehr dazu unter https://bibelbund.de/2015/05/schwagerehe-im-widerspruch-zur-einehe/.

Septuaginta. Älteste Übersetzung der → Hebräischen Bibel in die altgriechische Alltagssprache. Die Übersetzung entstand ab etwa 250 v. Chr. im → hellenistischen Judentum, vorwiegend in Alexandria.

Sukkot. Laubhüttenfest, das von den Jüdinnen und Juden im Herbst, fünf Tage nach dem Versöhnungstag, im September oder Oktober gefeiert wird und sieben Tage dauert.

Synode. → Konzil.

Synoptiker. Bezeichnung für die Evangelisten Markus, Matthäus und Lukas, deren Evangelien viele Gemeinsamkeiten aufzeigen und daher eine *Synopse* (= Zusammenschau) erlauben.

Talmud. Wörtl.: *Lehre.* Sammlung von Gesetzen und religiösen Überlieferungen des nachbiblischen Judentums, die in der Zeit von etwa 200 vor bis ungefähr 500 nach Christus entstand.

Trinität, trinitarisch. Dreifaltigkeit, Dreieinigkeit. In der christlichen Theologie die Lehre, dass Gott sich in drei »Personen« manifestiert, nämlich im Vater, im Sohn und im Heiligen Geist.

Vulgata. Die *Biblia Vulgata* war die im Mittelalter verbreitete von Hieronymus gegen Ende des 4./ zu Beginn des 5. Jahrhunderts erarbeitete lateinische Übersetzung der Bibel, die verschiedene ältere lateinische Übersetzungen allmählich verdrängte.

Literatur
(in Auswahl)

Die Bibel wird zitiert nach der 2016 erschienenen (neuen) deutschen *Einheitsübersetzung der Heiligen Schrift*.

Alexander P. und D., Das große Handbuch zur Bibel, Stuttgart 2001.
Becker J., Das Evangelium des Johannes, 2 Bde. (= Ökumenischer Taschenbuchkommentar zum Neuen Testament 4/1 und 4/2), Gütersloh und Würzburg 1979 und 1981.
Brox N., Falsche Verfasserangaben. Zur Erklärung der frühchristlichen Pseudoepigraphie (= Stuttgarter Bibelstudien Bd. 79), Stuttgart 1975.
Brown R. E., Der kommende Christus. Eine Auslegung der Evangelien im Advent, Würzburg 1997.
Brown, R. E., Der Messias in der Krippe. Versuche über die drei biblischen Weihnachtsgeschichten, Würzburg 1997.
Brown R. E., The Birth of The Messiah, New York 1977.
Dieckmann B., Judas als Sündenbock. Eine verhängnisvolle Geschichte von Angst und Vergeltung, München 1991.
Gnilka J., Das Matthäusevangelium, I und II, Freiburg Basel Wien 1992 und 1993.
Jacobus de Voragine, Die Legenda aurea. Aus dem Lateinischen übersetzt von R. Benz, Gerlingen [12]1997.
Kasser R./Meyer M./Wurst G., Das Evangelium des Judas, Wiesbaden 2006.
Klauck H.-J., Apokryphe Evangelien. Eine Einführung, Stuttgart 2002.
Klauck H.-J., Apokryphe Apostelakten, Stuttgart 2005.
Klauck H.-J, Judas – ein Jünger des Herrn (= Quæstiones disputatæ Bd. 111), Freiburg Basel Wien 1987.

Lutz U., Das Evangelium nach Matthäus, 3 Bde. (= Evangelisch-Katholischer Kommentar zum Neuen Testament), Neukirchen-Vluyn und Ostfildern ⁵2002, ⁶2016, ³2016.

Maisch F., Maria Magdalena zwischen Verachtung und Verehrung. Das Bild einer Frau im Spiegel der Jahrhunderte, Freiburg Basel Wien 1996.

Metzger B. M., Der Kanon des Neuen Testaments, Ostfildern ²2012.

Piñero A., Der geheime Jesus. Sein Leben nach den apokryphen Evangelien, Düsseldorf 1997.

Schierse F. J., Einleitung in das Neue Testament, Düsseldorf 1978.

Schindler A. (Hg.), Apokryphen zum Alten und Neuen Testament, Zürich 2007.

Schmithals W., Das Evangelium nach Markus, 2 Bde. (= Ökumenischer Taschenbuchkommentar zum Neuen Testament 1/1 und 1/2), Gütersloh und Würzburg 1979.

Schneider G., Das Evangelium nach Lukas, 2 Bde. (= Ökumenischer Taschenbuchkommentar zum Neuen Testament 3/1 und 3/2), Gütersloh und Würzburg 1977,

Theißen G., Urchristliche Wundergeschichten. Ein Beitrag zur formgeschichtlichen Erforschung der synoptischen Evangelien (= Studien zum Neuen Testament, Bd. 8), Gütersloh 1974.

Vögtle A., Was Weihnachten bedeutet. Meditation zu Lukas 2,1–20. Freiburg i. Br. 1977.

Wind R., Maria – aus Nazareth, aus Bethanien, aus Magdala. Drei Frauengeschichten, Gütersloh 1996.

Dank

Bigna Hauser vom Theologischen Verlag Zürich danke ich für ihre höchst akribische Lektoratsarbeit und ihre zahlreichen Verbesserungsvorschläge.

Großen Dank schulde ich auch *Imelda Casutt*, die das Daktyloskript gegengelesen, den Umbruch nach der Drucklegung überprüft und mich nicht nur auf stilistische Unebenheiten, sondern auch auf manche sachliche Ungenauigkeiten aufmerksam machte.

Dieses Buch widme ich ihr und *Marie-Thérèse Merk*, deren einzigartige Gastfreundschaft ich anlässlich meiner Aushilfsdienste in Pfarreien im Raum Zürich seit Jahren in Anspruch nehmen darf.